影视传媒专业"十四五"融媒体系列教材

融媒体创新创业教育

程 瑞 编著

M

edia
Innovation and
Entrepreneurship

北京师范大学出版集团
BEIJING NORMAL UNIVERSITY PUBLISHING GROUP
北京师范大学出版社

图书在版编目（CIP）数据

融媒体创新创业教育/程瑞编著 . —北京：北京师范大学出版社，
2024.9

（影视传媒专业"十四五"融媒体系列教材）

ISBN 978-7-303-29669-9

Ⅰ.①融…　Ⅱ.①程…　Ⅲ.①传播媒介－创业－教材

Ⅳ.①G206.2

中国国家版本馆 CIP 数据核字（2024）第 000668 号

教材意见反馈　gaozhifk@bnupg.com　010-58805079

RONGMEITI CHUANGXIN CHUANGYE JIAOYU

出版发行：北京师范大学出版社　www.bnupg.com
　　　　　北京市西城区新街口外大街 12-3 号
　　　　　邮政编码：100088
印　　刷：北京虎彩文化传播有限公司
经　　销：全国新华书店
开　　本：787 mm×1 092 mm　1/16
印　　张：9.75
字　　数：200 千字
版　　次：2024 年 9 月第 1 版
印　　次：2024 年 9 月第 1 次印刷
定　　价：45.00 元

策划编辑：李　明　　　　　责任编辑：李春生
美术编辑：焦　丽　李向昕　装帧设计：焦　丽　李向昕
责任校对：段立超　陈　民　责任印制：马　洁

前　言

　　《融媒体创新创业教育》是一本面向全国高等学校大专院校大学生创新创业教育的指导教材，也适合于广大青年用来提高对创新创业的定位与认知。教材的编写立足新媒体发展所推动的产业新格局，以培养和提高大学生融媒体时代创新精神和创业能力为根本，意在推动大学生创新创业教育更好地融入生产力新发展动因中。

　　党的二十大报告指出："紧跟时代步伐，顺应实践发展，以满腔热忱对待一切新生事物，不断拓展认识的广度和深度，敢于说前人没有说过的新话，敢于干前人没有干过的事情，以新的理论指导新的实践。"又强调："全面提高人才自主培养质量，着力造就拔尖创新人才，聚天下英才而用之。"

　　大学生创新创业能力是大学生参与社会建设能力、推动社会发展能力。大学生创新创业能力培养，必然要站在时代发展的最前沿，代表时代生产力最新发展方向。随着网络技术发展推动三网融合，推动生产力向新的方向发展，产生新的经济形态，创新创业教育也就必然和新的生产生活方式相联系，并促进它的发展和提高。

　　党的十八大以来，党和国家提出创新驱动发展战略，实体领域与互联网领域相互渗透、融合已成为中国经济转型、升级的必然趋势。"共享经济""互联网＋"高频次地出现在国家各级《政府工作报告》中。

　　通信网络技术强劲变革和迭代创新，实现了多种媒体间、人与媒体间的融合，改变了人们的生产方式、生活方式。融媒体成为一个时代的命题。"互联网＋"作为一个新的生产和经营理念无缝嵌入各行各业、千家万户，大数据成为推动生产力发展最活跃的因素，依托于虚拟社区的管理理念蓬勃发展。

　　我国高校创新创业课程目前主要的教学框架是：创新创业通识教育＋专业教育＋创新创业活动开展。其中，创新创业通识教育，从教材内容的编写来看，较多侧重于创新思维训练、创业基础指导，如创业团队组建、创业团队管理等，对于新的生产组织和发展方式还较少涉及。大数据、虚拟社区、视频运营、新媒体运营等内容分布于不同专业，但对当下的大学生创新创业来看又是需要掌握的基本理念，需要具备的基本思维和逻辑。

　　因此，本教材立足于以融媒体技术为中心的创新思维训练，以大学科、跨学科为理念，聚焦融媒体技术在生产发展和技术创新中的运用，将大数据、虚拟社区、视频运营、新媒体运营等分属于不同学科方向的内容融合在一起，以促进学生创新创业活动中的创新性思维迁移和创新创业能力发展。

教材设置八章内容，分别是：第一章 Web 1.0—Web 3.0 的变迁，介绍网络科技变迁的过程；第二章大数据创新思维，介绍大数据形态和运营；第三章虚拟社区创新思维，介绍社区运营与价值共创；第四章新媒体运营与创新，介绍新媒体资讯传播特点和叙事创新；第五章视频运营与创新，介绍视频运营创新基本策略；第六章创新设计思维，介绍创新思维本质特征；第七章创业设计与创新，介绍商业模型和运营创新思辨；第八章小微创新模式，介绍小微创新模式内涵和运营策略。教材立足于产学研一体化创新创业教育理念，融合行业最新成果，以启发学生的学习和成长；立足于经验积累的多元性理论，将基础知识、基本理念、基本经验和做法相结合，帮助同学们形成较为完整的知识和经验；倡导构建赛证一体化课程学习模式。

教材的编写立足于大学科、跨学科理念，融合了多学科的知识，因此在编写的过程中参考了大量的文献资料，借鉴了多位作者的学术成果，在这里编者向各位作者表达深切的谢意。由于编者学术能力有限，在借鉴内容的表述中如有不准确之处，还请作者见谅。

在本书的编写过程中编者还得到了周安华教授、吴长法教授、崔执树教授等的指导和北京师范大学出版社周粟博士的大力支持，在这里一并表达真诚的谢意。

编者

2024 年 3 月

目　录

绪　论　站在产业发展前沿

互联网构筑起消费者、制造者、创新者的聚会平台，消费和生产之间的鸿沟人类有史以来第一次被彻底打破，共融互动的动人场景被呈现，互相观察、洞悉和碰撞成为新常态。碰撞就会产生分歧、产生新的想法和要求，头脑风暴似的聚合加速了动态裂变的频率。政府紧紧抓住时代的脉搏，在国家发展层面适时推出了"互联网＋"创新驱动发展模式。创新创业成为时代主旋律。

本章关键词：课程开设；评价体系；能力；标准；培养；生产力

一、创新创业课程开设

（一）课程开设

创新创业教育又称"双创"教育。1947 年，美国哈佛大学开设创业教育课程，标志着创新创业教育在实践领域出现。1998 年，联合国教科文组织在巴黎召开的世界高等教育会议上通过了《21 世纪的高等教育宣言：展望与行动》，明确提出"高等学校必须将创业技能和创业精神作为高等教育的基本目标"，强调了创新精神培养和创业教育的重要性。

国内高校创新创业教育的实施始于 20 世纪末。1998 年，清华大学举办首届清华大学创业计划大赛，成为第一所将大学生创业计划竞赛引入亚洲的高校。2002 年，高校创业教育在我国正式启动，教育部将清华大学、中国人民大学、北京航空航天大学等 9 所院校确定为开展创业教育的试点院校。2008 年设立了 30 个创新创业教育人才培养模式试验区。2011 年，教育部根据国家相关政策编写了《"创业基础"教学大纲》，并且开始尝试在一些具备条件的高校开设创业基础相关课程。2012 年 8 月 1 日，教育部在印发的《普通本科学校创业教育教学基本要求（试行）》中指出："在普通高等学校开展创业教育，是服务国家加快转变经济发展方式、建设创新型国家和人力资源强国的战略举措，是深化高等教育教学改革、提高人才培养质量、促进大学生全面发展的重要途径，是落实以创业带动就业、促进高校毕业生充分就业的重要措施。"随着"创业基础"课纳入本科必修，创新创业教育再一次成为教育研究的关注点。随后，联合国青年就业网络中国示范项目 CDEP 平台开通创新创业系统，这也标志着创新创业教育在我国的大力开展是与世界接轨的。

2014 年，教育部在印发的《关于做好 2015 年全国普通高等学校毕业生就业创业工作的通知》中，提出全面推进创新创业教育和自主创业工作，为大学生创业实践提供融资服务、税收减免等各项优惠政策。2015 年，高校创新创业教育联盟成立，面向大学教师进行创新创业教育培训。许多教师开始在我国网络课程平台上开设创业基础课程，其中的一些课程成为国内高校创新创业教育课程体系的典范。2020 年，中共中央办公厅、国务院办公厅印发的《关于促进中小企业健康发展的指导意见》，在发展环境、融资问题、财税政策等七个方面提出了惠企指导意见，以提升企业创新发展的能力。与此同时，各地方政府和相关部门亦不断出台鼓励创新创业的优惠政策，包括税收优惠、小额担保贷款和贴息支持、免收有关行政事业性收费、创业补贴等，鼓励大学生创新创业。

(二)课程内涵

创新创业教育是以开发和提高大学生创业基本素质为目标，意在培养大学生创业意识和创新能力。创新创业教育是一种企业家精神教育，是高层次、高质量的素质教育。创新创业教育秉持开放创新式的教育理念，推动新的生产力发展。

创新创业教育的内涵本质可以划分为两个层面：一是从精神层面来界定，即高校创新创业教育是为了培养学生创业精神和企业家精神；二是从内容层面来界定，即高校创新创业教育通过创业课程、创业竞赛、创业社团等创业教育内容来帮助学生掌握创业所需要的知识、技能。

在国家有关部门和地方政府的积极引导下，高校的创新创业教育进行了有益的探索与实践。目前国内高校的创新创业教育主要有如下几种类型：(1)以"挑战杯"及创业设计类竞赛为载体，开展创新创业教育；(2)以大学生就业指导课为依托，开展创新创业教育；(3)以大学生创业基地(园区)为平台，开展创新创业教育；(4)成立专门组织机构为保证，推动创新创业教育的开展；(5)以人才培养模式创新实验区为试点，培养创新型人才；(6)搭建创新创业教育课程体系，实施创新创业教育；(7)融入人才培养方案，全面实施创新创业教育。同时，创新创业教育在高校中形成了以下几种教学模式：(1)以同济大学为代表，特点是以"四学一量"改革、实体化运作为突破，协同整合多方资源，推进建设全覆盖、多层次的创新创业教育体系和人才培养模式；(2)以武汉理工大学为代表，特点是实行"导师制"，每个学生配备一位学业、实践导师，以"项目制"为主，通过创新创业项目的真实模拟，让每个学生在校期间能进行一个或多个创新创业项目实战演练;(3)以中国人民大学为代表,特点是通过创新创业课程、创业训练营、企业家公开课、创业项目深度诊断、创业者访谈等活动,为处于各个阶段的大学生创业者提供个性化辅导服务,从而集聚了一批文化与科技既融合又分层分类的复合型人才;(4)以上海交通大学为代表,特点是主要以专业教育为导向,将创业竞赛、创新能力培养相结合。

(三)课程实施机制

2017年,国务院办公厅发布《关于深化产教融合的若干意见》,提出将产教融合贯穿人才开发全过程,形成政府、行业、企业、学校和社会协同推进的工作格局。创新创业教育是一个复杂的系统工程,既需要有良好的创新创业氛围、教育资源,也要有专门的组织机构,并进行市场化运作,形成一个完整的创新创业教育生态体系。这一体系包括政府、高校、企业、家庭、学生等多个子系统,各子系统之间相互联系、相互作用、相互支撑。

政府是高校创新创业教育生态系统中的重要一环,发挥着重要作用,能够在政策制定、资金支持、舆论导向、服务体系、部门协调等多方面为高校创新创业教育创造良好的外部环境,起到难以替代的积极作用。

2017年《政府工作报告》提出,新建一批"双创"示范基地,鼓励大企业和科研院所、高校设立专业化众创空间,加强对创新型中小微企业支持,打造面向大众的"双创"全程服务体系,使各类主体各展其长、线上线下良性互动,使小企业铺天盖地、大企业顶天立地,市场活力和社会创造力竞相迸发。

2018年《政府工作报告》指出,要提供全方位创新创业服务,推进"双创"示范基地建设,鼓励大企业、高校和科研院所等开放创新资源,发展平台经济、共享经济,形成线上线下结合、产学研用协同、大中小企业融合的创新创业格局,打造"双创"升级版。

作为高校创新创业教育体系的主干,高校在创新创业教育培育体系中发挥着关键作用。创新创业教育的最终落脚点在学生,只有学生接受了创新创业观念,并勇于去实践创新创业,才能说创新创业教育起到了实际的效果。目前我国各高校普遍开展的与创新创业相关活动很多,如开设创新创业课程、创建大学生校内创新创业孵化基地、开发校企合作研究项目、创建校内创新创业团队、开展创新创业大赛、开展创新创业交流等,这些活动遵循了"产教融合、多学科交叉、文化教育与职业教育结合"原则,营造了创新创业教育的浓厚氛围。

组织机构是大学生创新创业的助推器和坚强后盾,国内各高校通过创新创业资源整合平台、创业研究中心、创业工作室等,协同推动创新创业研究与实践,形成全方位、多角度的一站式服务中心,为创业学生提供创业场所。许多大学设置专职职能部门,行使管理和孵化职能,负责整合社会资源,与企业建立紧密联系,制订全方位的合作计划,签订长期的合作合同,为企业提供最新科技成果和高端人才。这些部门能及时捕捉市场信息，使学生创业项目切合市场需求，紧跟时代步伐，在某些行业领域起到了引领市场发展的作用。

二、创新创业能力评价

创新能力指个体在日常学习和工作生活中形成和发展起来的相对稳定的能力，这种能力将有助于个体在特定环境下生产出某种新颖、独特、有社会价值或个人价值的产品。创新能力关键在于创新思维，主要表现为敏捷性、逻辑性、想象性和批判性四个相互联系、相互作用的方面。创业能力指拥有发现或创造一个新的领域，能运用各种方法去利用和开发它们，创造新事物（新产品、新市场、新生产过程或原材料、组织现有技术的新方法），产生各种新的应用的能力。创新能力是创业能力的基础和重要组成部分，其实质是指向个体的发现和创造的能力维度；创业能力是创新能力的重要体现。在大学生的创新创业能力培养中，通常是将创新能力和创业能力结合在一起来研究和看待的。如何评价大学生的创新创业能力是大学生创新创业能力教育的重要体现。

（一）国外评价指标

20世纪90年代，美国的《商业周刊》《创业者》《成功》等杂志开始对大学的创业教育项目进行一年一度的评估，从大学创业课程数量、大学生创业率、创办企业融资额度等方面评估大学创业教育的实施情况。

国外学者对创新创业教育评价的研究，注重从创新创业教育对经济社会的直接影响和间接影响、教育机构投资者和受教育者的时间成本与机会成本等维度展开研究。法约列（Fayolle, A.）等人采用计划行为理论对创业教育课程实施效果进行深入研究，发现创业教育的最重要结果并不是促使学生创办企业，而是从观念上改变学生的态度和价值观，使他们具备更强烈的创业意愿和创业精神。

（二）国内评价体系

国内研究界对创新创业能力评价进行了多方面的探讨，构建了创新创业能力评价体系。

钟柏昌、龚佳欣在《学生创新能力评价：核心要素、问题与展望——基于中文核心期刊论文的系统综述》一文中，根据《中国学生发展核心素养》提出了包括科学精神、学会学习、实践创新3个方面的核心素养和26个评价指标的评价体系（表0-1）[1]。

宋柏红、季秋辰在《大学生创新创业能力评价指标体系的构建研究》[2]一文中，以创

---

[1]　钟柏昌、龚佳欣：《学生创新能力评价：核心要素、问题与展望——基于中文核心期刊论文的系统综述》，载《中国远程教育》，2022（09）。

[2]　宋柏红、季秋辰：《大学生创新创业能力评价指标体系的构建研究》，载《创新创业理论研究与实践》，2022（22）。

新创业能力发展路径为主线，构建了包括 4 个一级指标和 17 个二级指标在内的大学生创新创业能力评价指标体系(表 0-2)。

表 0-1　创新能力评价分析框架

核心素养	基本要点	评价指标
1. 科学精神	1.1 理性思维	1.1.1 崇尚真知，能理解和掌握基本的科学原理和方法
		1.1.2 尊重事实和证据，有实证意识和严谨的求知态度
		1.1.3 逻辑清晰，能运用科学的思维方式认识事物、解决问题、指导行为
	1.2 批判质疑	1.2.1 具有问题意识
		1.2.2 能独立思考、独立判断
		1.2.3 思维缜密，能多角度、辩证地分析问题，作出选择和决定
	1.3 勇于探究	1.3.1 具有好奇心和想象力
		1.3.2 能不畏困难，有坚持不懈的探索精神
		1.3.3 能大胆尝试，积极寻求有效的问题解决方法
2. 学会学习	2.1 乐学善学	2.1.1 能正确认识和理解学习的价值，具有积极的学习态度和浓厚的学习兴趣
		2.1.2 能养成良好的学习习惯，掌握适合自身的学习方法
		2.1.3 能自主学习，具有终身学习的意识和能力
	2.2 勤于反思	2.2.1 具有对自己的学习状态进行审视的意识和习惯，善于总结经验
		2.2.2 能够根据不同情境和自身实际选择或调整学习策略和方法
	2.3 信息意识	2.3.1 能自觉、有效地获取、评估、鉴别、使用信息
		2.3.2 具有数字化生存能力，主动适应"互联网＋"等社会信息化发展趋势
		2.3.3 具有网络伦理道德与信息安全意识
3. 实践创新	3.1 劳动意识	3.1.1 尊重劳动，具有积极的劳动态度和良好的劳动习惯
		3.1.2 具有动手操作能力，掌握一定的劳动技能
		3.1.3 在主动参加的家务劳动、生产劳动、公益活动和社会实践中，具有改进和创新劳动方式、提高劳动效率的意识
		3.1.4 具有通过诚实合法的劳动创造成功生活的意识和行动
	3.2 问题解决	3.2.1 善于发现和提出问题，有解决问题的兴趣和热情
		3.2.2 能依据特定情景和具体条件选择制订合理的解决方案
		3.2.3 具有在复杂环境中行动的能力
	3.3 技术应用	3.3.1 理解技术与人类文明的有机联系，具有学习掌握技术的兴趣和意愿
		3.3.2 具有工程思维，能将创意和方案转化为有形物品或对已有物品进行改进与优化

表 0-2　大学生创新创业能力评价指标体系

一级指标	二级指标
创新创业意识	创新创业兴趣
	创新创业动机
	创新创业精神
创新能力	发散思维能力
	风险意识
	改革意愿
	创新活动成果
创业能力	创业基础知识
	机会识别能力
	成果转化能力
	资源整合能力
创业管理能力	战略规划能力
	自我管理能力
	沟通表达能力
	组织领导能力
	市场开拓能力
	决策执行能力

创新创业能力是影响创新创业活动顺利开展的关键因素，是创新创业活动成功与否的重要标志。在学校创新创业教育开展过程中，对大学生创新创业能力进行评价，能够在帮助学生在认识自身能力的基础上，有针对性地提高自身综合素质；对于教育者来说，也能够根据评价结果及时改进教学方式，调整能力培养模式，从而帮助大学生实现更高质量的就业创业。

三、产业发展与创新创业

进步主义教育观认为，知识是一种处理经验的工具，是应对连续不断的新情况的工具，这种新情况是生活的多变性所导致的。如果要使知识有意义，就必须能用它来做某些事。因此，必须积极主动地获取知识并把它和经验结合起来。

大学生创新创业能力是大学生参与社会建设的能力、推动社会发展的能力。大学生的创新创业能力的培养，必然要站在时代发展的最前沿，代表时代生产力的最新发展方向。网络技术的发展形成了媒体融合信息传播时代，推动了生产力向新的方向发展，产生了新的经济形态。由此，创新创业教育必然和新的生产生活方式相联系，并促进它的发展。

（一）大数据——生产力发展新形态

《数字经济内涵与途径》一书对"数字"作为"生产力"的作用，用"颠覆性"一词做了描述，又用"五全基因"对数字生产力的颠覆性进行了诠释。

数字作为生产力，是由数字为各行各业的生产、规划、创新搭建的观察、预测、推演性的平台所决定的，这里的"数字"特指我们通常所说的大数据。"数字化"基础平台存在"五全基因"：全空域、全流程、全场景、全解析和全价值。

"全空域"是指：打破区域和空间障碍，从天空到地面、从地面到水下、从国内到国际可以广泛地连成一体。

"全流程"是指：关系到人类所有生产、生活流程中的每一个点，每天 24 小时不停地积累信息。

"全场景"是指：跨越行业界别，把人类所有生活、工作中的行为场景全部打通。

"全解析"是指：通过人工智能的收集、分析和判断，预测人类所有行为信息，产生异于传统的全新认知、全新行为和全新价值。

"全价值"是指：打破单个价值体系的封闭性，穿透所有价值体系，并整合与创建出前所未有的、巨大的价值链。

现代信息化的产业链是指通过数据存储、数据计算、数据通信跟全世界发生各种各样的联系，这种"五全"特征，当它跟产业链结合时就形成了全产业链的信息、全流程的信息、全场景的信息、全价值链的信息，成为极具价值的数据资源。可以说，任何一个传统产业链一旦能够利用"五全信息"，就会立即形成新的经济组织方式，从而对传统产业构成颠覆性的冲击。因为信息是认识世界的钥匙，不同的信息形态和内涵对应的现实世界也是不一样的。

数字经济是数字技术与人类社会全面融合的产物，是人类经济社会系统发展的新阶段，对中国未来社会建设具有举足轻重的作用。党的十八大以来，中央对发展数字经济作了大量部署，提出了加快数字产业化、产业数字化，加强数字社会、数字政府、数字生态建设等举措，尤其是把数据作为基本生产要素进行市场化配置。与全球各国相比，这些系统化的数字经济政策都更具有前瞻性和可操作性，是中国发展数字经济的有力保障。

国家《"十四五"数字经济发展规划》指出："数字经济是继农业经济、工业经济之后的主要经济形态，是以数据资源为关键要素，以现代信息网络为主要载体，以信息通信技术融合应用、全要素数字化转型为重要推动力，促进公平与效率更加统一的新经济形态。"习近平总书记在《不断做强做优做大我国数字经济》一文中高度评价数字经济的意义，指出："数字经济发展速度之快、辐射范围之广、影响程度之深前所未有，正在成为重组全球要素资源、重塑全球经济结构、改变全球竞争格局的关键力量。"

一方面，数字经济是在工业经济基础上发展起来的，数字化对工业经济的渗透孕育着数字经济，从工业经济向数字经济形态的发展是一个过程。另一方面，数字经济的数字化属性和突出数据作为生产要素的作用使得数字经济与工业经济有很大的不同，新要素、新动能、新资产、新业态、新模式等不仅体现了新的生产力，也推动了生产关系的变革。数字经济在理论与实践上都面临很多新问题和新挑战。

（二）共享平台——生产组织新模态

党的十八大以来，党和国家提出创新驱动发展战略，实体领域与互联网领域相互渗透、融合已成为中国经济转型、升级的必然趋势。"共享经济""互联网＋"高频次地出现在国家各级政府工作文件和报告中。

2015 年《政府工作报告》正式提出"互联网＋"行动计划与"中国制造 2025"战略，明确提出推动移动互联网、云计算、大数据、物联网等与现代制造业结合，促进电子商务、工业互联网和互联网金融健康发展。

2016 年《政府工作报告》进一步提出，推动新技术、新产业、新业态加快成长，以体制机制创新促进分享经济发展，建设共享平台，做大高技术产业、现代服务业等新兴产业集群，打造动力强劲的新引擎。运用信息网络等现代技术，推动生产、管理和营销模式变革，重塑产业链、供应链、价值链，改造提升传统动能，使之焕发新的生机与活力。

纵观 2015—2023 年《政府工作报告》关于经济发展的规划，共享平台是其中的一根重要主线。围绕着共享平台，新的生产组织方式正在形成，并成为生产力发展的强劲驱动力。例如，2019 年《政府工作报告》提出，促进平台经济、共享经济健康成长。再如，2022 年《政府工作报告》提出，完善数字经济治理，培育数据要素市场，释放数据要素潜力，提高应用能力，更好赋能经济发展、丰富人民生活。

从 2015 年、2016 年《政府工作报告》中明确指出加快以网络为基础平台的共享经济发展，到 2021 年、2022 年《政府工作报告》中明确指出培育数据要素市场，释放数据要素潜力，促进产业数字化转型，数字化经济建设部署的目标和要求越来越高，数字化在国民经济建设中的战略地位越来越重要。我国在新技术革命推动下的工业变革浪潮中，其对经济发展的推动始终贯穿着两条主线：一条主线是打造共享平台、共享经济，促进生产资料、劳动力、行业科技等生产要素在社会各生产部门间的流转，打造经济增长新引擎，注入了新活力；另一条主线是围绕着生产方式的创新和转型，推动数据向生产要素的转变，即数据生产力化，依托工业互联网、数据生产要素，发掘创新能力，释放创新潜力，建设以数据要素为基础的产业新形态，推动产业的升级改造。

（三）融媒体——共享经济架构基础理念

通信网络技术的强劲变革和迭代创新，实现了多种媒体间、人与媒体间的融合，改变了人们的生产方式、生活方式。融媒体成为一个时代的命题。"互联网＋"作为一种新的生产和经营理念无缝嵌入各行各业、千家万户，大数据成为推动生产力发展最活跃的因素，依托于虚拟社区的管理理念蓬勃发展。

(1)融媒体。融媒体作为在互联网和通信技术革命性变革下实现的万物互联互通的信息传递场景，将世界的每一个角落联系在一起，无限压缩了个人和事物的时间和空间距离，是新的生产组织架构基础。人们需要去面对这样一个新的生产情景，变革原有的生产模式、管理模式。个体需要面对万物互联的组织模式，调整个体活动的融入和协作方式。融媒体是共享平台经济架构基础，是新的生产力和生产方式实现的重要基础。

(2)虚拟社区。在融媒体的生产架构基础上，虚拟社区作为全新的人群集群概念呈现出社会交往和商业运营的双重属性，虚拟社区经营成为各个层面的商业团体和机构的生产管理方面不可或缺的一个部门。因虚拟社区而产生的意见领袖、用户画像、灌水等这些新的名称和概念不断涌出。如何运营好虚拟社区，成为人们探讨的一大热点。

(3)"互联网＋"。"互联网＋"是依托于互联网的生产、销售和运营模式，是目前生产组织的重要方式。在任何一家机构和团体那里，在组织生产和销售等业务中，互联网前提下的策划和设计都是必需的，人口、消费、传播等领域的生产设计都必须建基于互联网，成为21世纪生产设计的重要特征。"互联网＋"生产模式和理念被放在了国家创新发展的战略位置。

(4)大数据。网络传输技术的迅猛发展，带来了万物互联的生产和生活新场景。人类通过对生产和消费者产生的海量化网络数据进行集约化计算，寻找生产和消费规律，作为生产、消费经营设计的基础和关键凭证和依据。大数据目前已被列为生产力要素，它对现代社会生产和消费产生的影响是巨大的和不可估量的。

(5)人人传播。信息传输技术的革命对媒体机构产生了颠覆性影响，自媒体加入新闻信息传播和制作的行列，人人皆媒体的时代不仅带来了信息传播的繁荣景象，也带来了虚假信息、冗余信息现象，娱乐和新闻的界限进一步模糊。在这一背景下新闻传播机制不断创新发展，移动化叙事、场景化叙事、众筹新闻、众包新闻等概念不断涌现。

科技是第一生产力，这是工业革命以来各国社会发展所获得的最深刻的社会现实体验。任何国家的社会发展战略必然将科技创新作为推动社会发展的核心战略，打破单个价值体系的封闭性，打通所有价值体系的关联性，并整合与创建出前所未有的、巨大的价值链。在蓬勃发展的技术革命面前，我国自觉地把创新型人才培养和科技技术革命这两个命题紧密联系在一起，使其成为整个社会行动的纲领。大学生创新创业教育必然需要站在社会发展的最前沿，以承担起国家、社会所寄予的责任和厚望。

四、教材编写特点

我国各高校通过多年的创业基础课程教学实践，逐渐认识到应该通过三个方面来培养大学生的创新意识和创业能力：基础知识和技能方面、创新意识和创业能力培养方面、创业教育和专业知识融合方面。教材的编写在遵循着这一原则的同时，面对新技术促进产业发展的新特点，以促进创新经验的形成为中心，融入了跨学科、产学研一体化、经验形成的多元化等理念。

（一）立足于跨学科理念，促进创新创业能力迁移

创新能力首先表现为一种思维品格。美国心理学家吉尔福特总结为"高度自觉性和独立性，旺盛的求知欲，强烈的好奇心，知识面广、善于观察，讲求理性、准确性和严格性，想象力丰富，有幽默感，意志品质出众"八个方面。他认为创新能力关键在于创造性思维，主要表现为流畅性（fluency）、变通性（flexiblty）和原创性（originality）。托兰斯在吉尔福特的理论基础上增加了敏感性（sensitivity）的特征，"流畅性、变通性、原创性、敏感性这四大特征成为创造能力界定和测量的基本依据"。林崇德认为，创新能力可以表现在思维的深刻性、灵活性、独创性、批判性和敏捷性五个方面，思维概括性越高，知识系统性越强，减缩性越大，迁移性越灵活，注意力越集中，则创新性或创造能力就越突出。

在心理学的视角下，迁移是创新思维形成的重要环节，是知识转化为能力的关键，通过以"抽象原理"作为中介来联结两个不相似的具体问题，从一个具体问题到另一个具体问题。"抽象原理"在理解性学习活动中经概括、关联、内化后，在实现迁移的过程中发挥重要作用。

立足于以融媒体技术为中心的创新思维训练，教材的编写以大学科、跨学科为理念，聚集融媒体技术在生产发展和技术创新中的突破性，将大数据、虚拟社区、创新设计等这些分属于不同学科方向的内容融合在一起，促进同学们的创新性思维迁移能力，提高同学们的创新创业能力。

（二）立足于产学研一体化，融合融媒体技术最新行业成果

教材的编写立足于产学研一体化创新创业教育理念，融合融媒体行业最新的典型的行业成果，以启发学生的学习和成长。

创新能力是一种显性行为。创新能力最终表现为促进了新的事物（如实物类、观念类产品）的产生。马克思主义认为大工业是同先进的技术基础相联系的，大工业的技术基础是不断革命的，这种技术基础不断革命的结果，必然会引起社会内部分工的革命化，引起劳动者职能的变更和劳动者素质的全面提高。

大学生创新创业能力的形成是以实践为轴心，以创新对象为终极目标的行为。通过审慎的观察和思考，连续的设想、推断和模拟，大学生能够对周围的产品、工艺、流程、技术、观念、概念等提出新的理论、观点、方法，并具有改造现状的潜在能力。德拉津等学者强调创新能力不仅仅表现为产生了新颖且有价值的结果，也表现为个体投入那些以产生创新性成果为目的的活动。钱学森认为创新能力简言之就是人的创新力，就是产生新的东西。胡卫平等人认为创新能力应将"创造性过程""创造性产品"和"创造性个性特征"结合起来。创新能力能促使产生新的并具有价值的有形或无形的事

物，强调的是数量的积累。创新能力又为人们提供各种领域的新价值观、新想法、新方法，强调的是认识的突破。

大学生的创新创业教学必然包含最新社会工业变革的成果，这样才能更好地参与大工业社会变革。因此，教材在内容的编排上立足于产学研相结合的创新创业教育理念，将融媒体技术所推动产生的最新生产理念和技术、成功的生产创新案例融入教学之中。

（三）立足于经验积累的多元性理论，将基础知识、基本理念、基本经验和做法相结合，帮助同学们形成完整的知识和经验

德尔的经验锥体（图 0-1）是"以抽象程度作为其分类标准的。从底部至顶部，直接感觉参与逐渐减少，即从直接的行为经验演示和教育电视到达抽象的语言符号"。布里格斯认为："为了保证你的学生能够学习，你就得从这一经验层级的下半部去寻找有关的媒体，而为了获得最有效的学习，你就得从这一层级的最高处去寻找。"[①]德尔的经验锥体告诉我们，经验的形成来源是复杂的，来自个体直接或间接的经验，来自语言、符号的概念构建。因此，教材将融媒体技术所产生的行业最新做法和经验进行精练的概括，对成功的经验、做法作出合理的解释，可以帮助同学们形成更完整的经验。

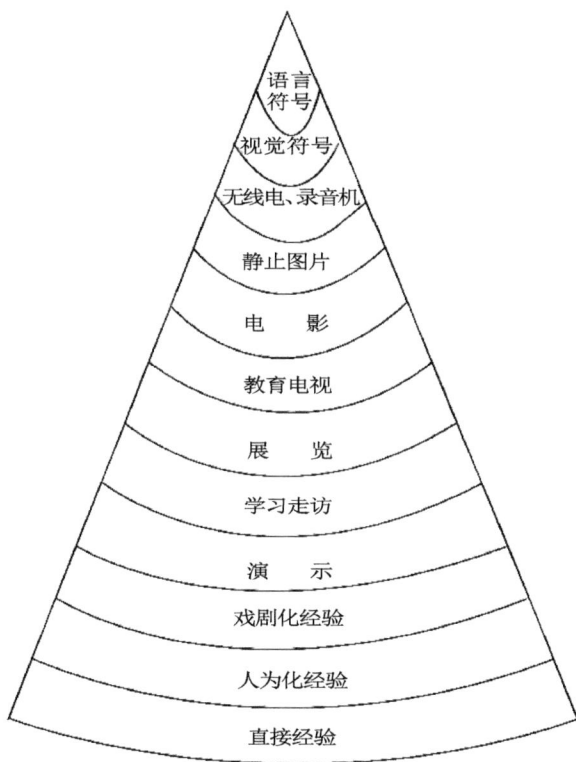

语言符号
视觉符号
无线电、录音机
静止图片
电　影
教育电视
展　览
学习走访
演　示
戏剧化经验
人为化经验
直接经验

图 0-1　德尔的经验锥体

---

① 吴庆麟：《教育心理学》，212～213 页，北京，人民教育出版社，2006。

五、课程实施建议

创新创业能力的形成，是一个复杂的过程，不可能一蹴而就。为营造浓郁的创新创业氛围，推动全国包括大学生在内的广大青年的创新创业，除在高校广泛开设创新创业课程外，政府还通过出台扶持政策、组建政府和民间组织、开展创新创业赛事等，构建了立体多维的扶持体系。对于在校大学生来说，在创新创业课程的学习中，应该以校内课程学习为中心，与国家多维扶持体系相呼应，构建赛证一体化课程学习模式。

（一）了解国家创新创业扶持机构[①]

国家为促进创新创业的发展，成立了众多扶持初创企业成长的机构和组织。大学生要及时关注这些机构和组织的政策制定、组织活动的开展，以获得最新的动态和信息。

（1）创业专业委员会。2005 年 3 月，中国就业促进会成立创业专业委员会。创业专委会是由各地创业指导中心、创业培训教育机构、创业咨询服务机构、融资机构、理论研究机构和创业成功企业家、专家学者等自愿组成的全国性、非营利性的专业社会团体，遵循中国就业促进会为就业服务的宗旨，努力搭建专业化的促进创业、带动就业和推动中小企业发展的服务平台，组织开展形式多样的宣传活动，大力宣传国家鼓励创业的相关政策，营造鼓励创业、支持创业、带动就业的社会氛围。目前，全国县市级及以上政府均开办了服务于地方的就业促进会，宣传创业就业政策，扶持创业。

（2）创业培训。创业培训（Start and Improve Your Business，SIYB）是国际劳工组织为帮助微小企业发展、促进就业，专门研究开发的一系列培训小企业家的培训课程，它包括"产生你的企业想法"（Generate Your Business Idea，GYB）、"创办你的企业"（Start Your Business，SYB）、"改善你的企业"（Improve Your Business，IYB）和"扩大你的企业"（Expand Your Business，EYB）四种培训课程。这套培训课程专门培养潜在的和现有的小企业家，使他们有能力创办切实可行的企业，提高现有企业的生命力和盈利能力，并在此过程中为他人创造就业机会。

（3）创业孵化中心。创业孵化中心是为创业人员提供科学的创业咨询、项目推介、创业培训、融资贷款咨询等服务；为入驻企业提供办公场所及研发场地，协助落实各项创业优惠。我国各省地市都创建有创业孵化中心。

（4）中国青年实业发展促进会。2008 年 4 月 29 日，中国青年实业发展促进会召开会员代表大会暨中国青年创业促进会成立大会。中国青年创业促进会由共青团中央创建主管。青年创业促进会主要由热心帮扶青年创业就业的企业家、具体从事青年就业创业工作的人员、专家学者、优秀创业青年代表等组成。全国大多数地、市、区均在共青团组织的带领下成立地区性的青年创业促进会，其功能除了为创业者的创业实践进行一对一指导之外，还将免费提供项目开发、技能培训、法律维权、政策咨询等服务。

---

① 卢飞成主编：《中国创业蓝皮书（2011 卷）》，256～277 页，杭州，浙江大学出版社，2012。

（5）青年就业创业见习基地。2009年3月，团中央制定下发《共青团"青年就业创业见习基地"实施细则（试行）》，把建设"青年就业创业见习基地"工作作为共青团扩大社会影响力、增强对青年吸引力、凝聚力的有形载体和重要品牌。该见习基地对于促进青年就业创业发挥了积极的促进帮助作用。

（6）中国青年创业国际计划。中国青年创业国际计划（Youth Business China，YBC）是一个旨在帮助青年创业的教育性公益项目，通过动员社会各界特别是工商界的资源，为创业青年提供"一对一"的导师辅导以及"无利息、无抵押、免担保"的资金支持，引导青年进入工商网络，帮助青年成功创业，成为具有社会责任感的未来企业家。

（7）中国青年创业奖。自2004年至今，共青团中央、人力资源和社会保障部联合开展"中国青年创业奖"评选表彰活动，树立和表彰在全面建设小康社会实践中自主创业、自强不息、服务人民、奉献社会的青年创业典型，促进形成崇尚创业、支持创业的良好氛围，进一步带动更多青年积极投身创业实践。

（8）中国青年创业就业基金会。中国青年创业就业基金会是由共青团中央于2009年6月发起成立的全国性公募基金会，其宗旨是通过资金扶持、技能培训、信息服务、政策协调和社会倡导，帮助青年创业就业，促进青年发展。

（9）中国技术创业协会。2007年12月21日，中国技术创业协会在北京成立，协会是由创业风险投资机构、企业孵化器、科技型中小企业、其他相关机构和个人共263名会员自愿组成的非营利性社团组织。中国技术创业协会致力于完善技术创业支撑条件，特别是创业风险投资、企业孵化器对科技型中小企业的孵化和资金投入，引导社会资源向技术创业集聚，为科技型中小企业的发展营造良好的自主创新环境。

（10）中国火炬创业导师行动。中国火炬创业导师行动由科技部火炬中心、全国工商联经济部、全国学联办公室和中国技术创业协会共同联合发起，于2007年12月正式启动。这项行动旨在在火炬计划旗帜下，聚合发起机构创新创业资源，邀请聚集形成一支创业导师团队，以一对一、一对二的辅导方式，悉心培育科技型中小企业和创业企业家，实现中国科技企业孵化器建设。

（二）组建创新创业团队

创业过程理论认为创业并非独立性的事件，而是一个持续不断的过程，是在一段时间内发生的一系列事件和活动。

美国创新创业教育研究专家蒂蒙斯在《新企业的创建》一书中提出了创业管理模型。根据该模型，创业活动须对机会、创业团队和资源三者进行最适当的匹配，并包括机会识别、团队管理、资源整合在内的14个特征。[1]

---

[1] Silveyra G，Herrero-Crespo N，Andrea Pérez，"Model of Teachable Entrepreneurship Competencies（M-TEC）：Scale Development，"*The International Journal of Management Education*，2021，19（01），pp. 1-20.

根据职业胜任力理论对个体特质的研究，创业者所具有的胜任力即是面对复杂多变的社会环境，对社会资源进行重新整合的能力。职业胜任力理论中所探讨的胜任力构成要素包括创新能力、管理能力、知识技能、心理特性、人际关系网等。学术界对于职业胜任力的构成要素已达成较为普遍的共识，而对于构成要素作为创新创业能力评价指标因素的研究也得到了许多学者的认可。[①]

因此，大学生创新创业能力必须在实践中得到锻炼和提高。大学生在学校期间，可以组建自己的团队，尝试创新项目，探索团队管理、创业资源开发、创新设计等的实施，以真正提高创新创业能力。

在创业团队的创建中，可以参照创业团队的5P原则，结合团队业务，做出详尽合理的创业计划书，并申请校内外的行业专家作为指导老师。

创业团队的5P要素包括：目标（Purpose）；定位（Place）；权限（Power）；计划（Plan）；人员（People）。团队是由人员组成的一个共同体，合理利用每一个成员的知识和技能协同工作，解决问题，达到共同的目标。

目标：团队在建设时要树立明确的目标，并把目标全面贯彻在团队管理之中，其他一切都是为目标实现服务的。

定位：要明确团队的定位，包括团队的类型、工作任务。

权限：明确规定团队及其成员的工作范围、成员和团队之间的关系、成员的工作自主决权。

计划：计划是团队建设中很重要的一项，如团队成员、团队领导、目标、任务、完成时间等，这些都需周密的计划和安排。

人员：团队在建设中要以人为本，综合考量人员能力、基本素质和学识水平等因素，将人员安排到合适的位置上。

（三）实现"赛-证"一体化教学指导

要组织学生参加创新创业大赛，考取职业技能证书，提高学生的实践技能水平，以实际比赛数据说话，让学生从比赛中找到经验，对标要求，反复练习，系统训练。这样也能够极大地激发学生的学习热情，提高教师的执教水平。

职业技能证书是取得行业资格的一种凭证，也是对持有者职业水平能力的一种认证、认可，对就业有很大的帮助作用。

1. 创业大赛

创业大赛起源于美国，又称商业计划竞赛，是风靡全球的重要赛事。它是科技和

---

① 宋柏红、季秋辰：《大学生创新创业能力评价指标体系的构建研究》，载《创新创业理论研究与实践》，2022(22)。

风险投资浪潮兴起的产物，是指一无所有的创业者或初创企业就某一具有市场前景的产品、服务或技术向风险投资家游说以取得风险投资的比赛。

创业大赛要求参赛者组成优势互补的、跨专业的竞赛团队（一般要求团队中要有管理、财务、经济、法律、计算机等专业人员），提出一个具有市场潜力的新产品或服务或创意，并就此开展调研论证，完成一份内容翔实、论证有力的商业计划书。此计划书可以覆盖政治、法律、经济、信息、农业、医学、军事、教育等各个行业。经过由专业人士组成的评审团进行评定，将有发展前途的作品推广到全社会从而取得资金的收益回报。[①]

创业大赛在中国起步较晚。1998年清华大学发起首届"清华创业计划大赛"，正式拉开大学生创业大赛的序幕，此次大赛历时5个多月。

2. 创业大赛赛事

目前，我国创新创业大赛有以下一些重要的赛事。

（1）中国科技创业计划大赛。中国科技创业计划大赛始于2002年，是由科技部与宁波市人民政府联合主办的全国性科技创业融资服务活动。它以提高科技企业融资能力，促进科技与资本有机结合，加快科技成果产业化为宗旨。

（2）"赢在中国"。"赢在中国"是中央广播电视总台财经频道的一档全国性商战真人秀节目，节目宗旨是"励志照亮人生，创业改变命运"，为每一位创业者提供生存机会。

（3）全国大学生创业大赛。教育部教育管理信息中心所属的中国教育信息化理事会于2008年11月开始启动"2009年全国大学生创业大赛"。大赛得到了各省市、各高校的积极响应。创业大赛旨在培养复合型、创新型人才，促进高校产学研结合，让学生不仅在未来的创业道路上有所准备，更对毕业后的社会就业有深刻体验。

（4）中国（深圳）创新创业大赛。中国（深圳）创新创业大赛是由国家科技部、发改委指导，由中国技术创业协会和深圳市人民政府联合主办的一项全国性创新创业大赛。大赛旨在弘扬创新创业文化，激发全社会对创新创业的热情，鼓励企业创新和团队创业。

（5）中国农业科技创新创业大赛。中国农业科技创新创业大赛瞄准世界农业科技发展前沿，重点关注高科技生物农业、环保农业、精准农业、商贸物流、信息服务等领域，开辟高附加值的现代农业发展道路。

学习者获得有关创业的基础知识和基本理论，仅仅是迈开了创业的第一步；学习者通过大量创新案例获得模仿的对象和超越的目标，是学习者前进路上的第二步；学习者通过大量实践而获得实践性能力的提升和转化，将是其创业的关键一步。从理论到实践，从实践到理论，再从理论到实践，循环往复以至无穷，这是辩证唯物主义最

---

① 卢飞成主编：《中国创业蓝皮书（2011卷）》，280～297页，杭州，浙江大学出版社，2012。

根本的方法论，也是指导我们学习和实践的不二法则。

▸▸ 思考与实践

　　1. 以实例谈谈你对融媒体对生产和生活影响的认识和思考。

　　2. 为什么数字化生产力具有颠覆性的作用？谈谈你的理解。

第一章 Web 1.0—Web 3.0 的变迁

> 互联网诞生于"冷战"的大背景下，得益于经济全球化的助推，最终走向千家万户。它肇始于技术创新，逐渐从军用技术走向民用领域，带来了无穷无尽的商业创新。从 Web 1.0 到 Web 3.0，人们经历了从只能读取信息，到可以读取和写入信息，再到可以拥有互联网本身的转变。其中，从 Web 2.0 到 Web 3.0 的最大变化是互联网从只能在人与人之间传递信息，升级为可以在人与人之间传递资产，也就是说，互联网从原来的信息互联网（包括静态互联网、平台互联网两种形态），升维成了价值互联网。互联网深刻地改变了每个人的生活方式和工作方式，这是我们生活的时代的最大改变。
>
> **本章关键词：** 网络科技；变迁；信息传递；价值链

第一节 Web 1.0—Web 3.0 的网络科技变迁[①]

一部互联网发展史，也是一部人类文明进步史。对于个体来说，现在的移动互联网已经成为生活中的必需品，成为支撑我们日常活动的基础设施。互联网经历了从 Web 1.0 到 Web 2.0，再到如今 Web 3.0 的三次范式转移，正向着一个更开放、更民主、更透明化的未来演变。

[①] 参见杜雨、张孜铭：《WEB 3.0：赋能数字经济新时代》，13～34 页，北京，中译出版社，2022。

一、互联网科技发展

(一)Web 1.0(20 世纪 90 年代—2003 年):**静态互联网**

Web 1.0 是指互联网发展的第一阶段。Web 1.0 时代的互联网建立在开源协议之上,由少数专业人士参与开发、建设,用户只能搜索和浏览互联网上的信息,无法进行太多的交互。在这一阶段,互联网上只有少数专业内容创建者,而绝大多数用户是内容的消费者。互联网提供的功能非常简单,用户能够享受到的服务也非常少。

Web 1.0 时代最典型的互联网产品形态是门户网站、浏览器和搜索引擎,解决的是用户用什么工具上网以及上网做什么的问题。

这一阶段的互联网迎来第一次创业浪潮,拥有电脑和使用互联网的人口数量少于10 亿。互联网信息的技术提供方是这个时代的代表性公司。"基于点击流量"的盈利模式开始出现,一种全新的"信息经济"模式开始诞生。

(二)Web 2.0(2004—2020 年):**平台互联网**

Web 2.0 是互联网发展的第二阶段,Web 2.0 时代就是我们当前所处的互联网时代,互联网建立在用户端-服务端的二元架构上。每个人都可以在互联网上进行内容的生产与分发,也就是说,我们不但可以浏览互联网上的信息,还可以自己生产内容并发布到互联网上与他人进行互动交流。这一阶段的互联网的核心特点是从 PC 端向移动端迁移,平台公司成为吞噬一切的垄断者,互联网的数据、权利以及由此带来的收益往往为中心化的商业机构所垄断,"平台经济"成为这一时期的经济特征。在这一阶段,全球大部分人口都变成了互联网用户。

在 Web 2.0 时代,网络在只读的基础上,新增了可写入的特性,即用户可以自主创造内容。随着社交媒体的出现,用户可以在互联网的各种应用上创造各种形式的内容,比如图文、视频。用户既是内容的消费者,更是内容的生产者,并通过自身的内容创作以及数据为互联网应用创造价值。互联网应用又为中心化的平台所拥有,平台利用用户生产的数据与内容进行商业变现。

(三)Web 3.0(2021 年至今):**价值互联网**

Web 3.0 的概念在 2021 年被广泛使用,但直至今天,对于 Web 3.0 是否真正形成,各界还有所争论。但可以确定的是,它已经开始渗透到我们的互联网生活中。在Web 3.0 时代,我们不但可以在互联网上读取、交互信息,还可以传递资产,也可以通过通证(Token)拥有互联网本身,并以此衍生出了"通证经济"。每个人都可以在计算、存储、资产等各个领域里享受到去中心化的服务,成为自己信息数据的掌控者、管理者、拥有者,挑战传统的公司制度。然而,这一阶段目前还处于早期萌芽状态,全球的 Web 3.0 用户少于 1 亿人。

建立在区块链技术基础上的 Web 3.0 是一个去中心化、免信任、免许可的下一代互联网,用户无须再信任中心化的机构,而是可以依赖代码逻辑来确保严格执行各种协议，其核心特征为数据的所有权归用户所有，每个用户都能控制自己的身份、数据与资产，进而掌握自己的命运与未来。这将会开启一个全新的数字时代，打破 Web 2.0 中巨头的垄断，开创出许多新的商业模式。

二、互联网与社会关系

（一）人成为信息的一部分

由于移动智能设备的普及和可穿戴设备的兴起，移动互联网已超越了互联网的范畴，它不仅创造了更多的信息，同时也在改变信息与人之间的关系。

Web 1.0 时代，信息和人是二元分化的。互联网作为媒介承载信息，人从互联网媒介上获取信息，而获取信息是一个有意识的动作，"上网"这个动作形象地表现出人和网络相对独立的现实。Web 2.0—Web 3.0 时代，人成为信息的一部分，人从"上网"到时刻"在线"获取信息，同时还会对信息进行分享和传播。可以说，作为信息的接收者和承载者，人最终成为信息的一部分。Web2.0 与 Web3.0 已经明显改变了人类社会的各种关系和结构，也影响了整个社会商业模式的变革，改变了我们对世界的看法。

（二）互联网成为真实世界的一部分

以前的互联网世界被叫作虚拟世界，与之对应，我们生存的世界叫作现实世界。而现在，我们的世界仅被分为线上和线下，线上互联网的世界就是真实生活的一部分。随着线上支付、社交网络、移动搜索、基于位置的服务（LBS）、移动 IM、增强现实（AR）、虚拟现实（VR）等的发展，用户开始在互联网上以真实身份来表现其社会角色，互联网从虚拟走向真实。用户在现实世界中的行为、思想、情感同样展现在虚拟世界中，因此线上线下的界限进一步模糊了。人们通过网络主动地上传和下载信息，这种行为相当于人们主动地向曾被称为虚拟世界的互联网、数字世界提供信息。物联网市场研究公司 IoT Anaylytics 预测，至 2025 年前后，全球联网设备总数量将达到 412 亿部，将是全球人口的 5 倍。

（三）在线联系成为人们最主要的联系方式

互动性成为互联网用户更高的追求。人们在互联网上进行着更高密度的互动，如弹幕、直播打赏和直播电商，而这也让整个网络的数据进入大爆炸状态。在人类主动地向数字世界提供信息的过程中，信息的杂音开始滋生。这就好比原始时代用语言传递信息，由于在传递过程中受到的干扰因素过多，信息往往逐渐被扭曲而失真。人们通过互联网传输的数据也早已从间隔时间的邮件，变成了瞬间回复的微信、钉钉或飞书，并进一步从文字的互动转向数据密度更大的视频。2020 年《中国互联网络发展状况统计报告》显示，除了用餐时段的网上外卖，短视频、网络直播的占用时间，已经在许多时间段超过了即时通信的占用时间。

三、互联网与产业发展

（一）平台经济模式崛起

一批互联网企业凭借数据、技术、资本优势，历经 PC 互联网与移动互联网的发展，最终成长为平台型企业，占据市场主导地位。这些企业通过搭建平台的形式，撮合供需双方，有效地提升了社会资源配置的效率，增强了各行各业的数字化水平，对于国民经济的发展与治理发挥了重要作用。Web 2.0 时代的互联网巨头掌握了越来越多的用户数据，人们的生活也越来越离不开它们。巨头们跑马圈地，资本无序扩张，形成寡头垄断、赢家通吃的局面。在这种情况下，互联网巨头们掌握了巨大的权力与用户的所有数据，既可以制定平台内的游戏规则，也可以限制其他竞争对手的发展。

（二）"互联网＋"创业热潮

互联网开发从 PC 网站开始走向移动 App。随着手机等移动终端的发展以及平台和安卓系统的普及，移动互联网迎来第二波发展浪潮。创业者们在资本的助推下，掀起了"互联网＋"创业的热潮，利用互联网技术改造传统行业，使得人人都可以只用一部手机，便享受到丰富多样的互联网服务。时至今日，互联网已成为人们生活与工作离不开的工具，以及全球经济增长的主要驱动力。党的十八大以来，党和国家提出创新驱动发展战略，尤其鼓励大众创业万众创新。在此背景下，实体领域与互联网领域相互渗透、融合已成为中国经济转型、升级的必然趋势。2015 年《政府工作报告》正式提出"互联网＋"行动计划与"中国制造 2025"战略，从国家层面明确提出推动移动互联网、云计算、大数据、物联网等与现代制造业结合，促进电子商务、工业互联网和互联网金融的健康发展。

（三）零工经济兴起

近年来，随着电子信息技术在生产和生活中的深入渗透，基于数字平台的零工经济在世界各国迅速流行。在短短的几年内，即时运输、即时送餐、客房整理、按需软件开发，以及在线劳动力众包平台等新兴产业已成为经济发展的新鲜血液。根据 23 家直播平台的统计数据，截至 2020 年年底，行业主播账号累计已超过 1.3 亿个。根据统计，全球线上直播产业规模仅 2019 年 4 月到 2020 年 4 月就增长了 99％，主播平均月工资为 3000～5000 美元，预计视频直播产业市场规模将在 2028 年达到 2239 亿美元。在我国，2022 年 2 月发布的《全国网约车司机生存状态调研报告》显示，网约车司机已超过 3000 万人，外卖骑手超过 1000 万人，仅美团外卖就有骑手 470 万人。

（四）数据要素成为新的生产原料

数据已经成为经济社会运行中基本的生产要素。当今世界进入了以信息产业为主导的新经济发展时期，在信息技术加快从物质经济向数字经济发展模式转变的过程中，不断沉淀的数据以每两年翻一番的速度呈爆发式增长趋势。我国云计算、区块链、物联网、移动互联网等新一代信息技术不断突破，数字新基建领域国家战略全面落实，进一步加速了信息经济时代从 IT 到 DT 的升级，数据资源已然成为重要的战略资源和核心创新要素。如今，我国大数据产业供给结构逐渐形成，行业应用成为热点。2019年《政府工作报告》出现了诸多创新之举和特别安排，"培育数据市场"被首次写入其中。

第二节　信息传播关系模式变迁

互联网世界统计（Internet World Stats，IWS）数据显示，2020 年，世界人口达到 77.97 亿。截至 2020 年 5 月 31 日，全球互联网用户数量达到 46.48 亿，占世界人口数量的 59.6％。2000—2020 年，世界互联网用户数量增长了近 12 倍。中国、印度、美国的互联网用户数量排名前三。网络互联甚至成为人们最主要的生活、生产方式，融媒体时代信息传播关系模式发生着急剧的变化。

一、融媒介形态

Web 1.0—Web 3.0 技术的发展和升级导致网络和人的关系、网络在人们生活中的地位，发生了翻天覆地的变化。从被动接受信息到自主选择信息、信息互动、自主参与创作，从虚拟世界与现实世界的对立到现实世界与虚拟世界的融为一体，网络技术的发展影响了人们的生活和工作。在 Web 2.0—Web 3.0 的技术背景下，新闻信息传播已经由新媒体占据了主要位置，新媒体的信息传播的最大特征是媒介融合。

（一）超级媒介

伴随着数字技术的广泛运用与网络传播的迅猛发展，传媒形态的推陈出新与传媒产业的整合重组已是现实性话题。数字传播媒介中，人们最早见识的是因特网（Internet）或称互联网，也被称为网络媒体。互联网传播打破了传统传媒传播形式上的界限，传统的文字媒介（报刊）、声音媒介（广播）和视觉媒介（电视）之间存在难以逾越的鸿沟，而互联网媒体可集上述三种传播于一体。它又被称为"超媒体"（hypermedia），或被翻译成超级媒介，是一种包含文字（text）、影像（movie）、图片（image）、动画（animation）、声音（audio）等的图文声光传播。

（二）融媒体的形态

美国学者将信息传播中的媒介融合称为媒体融合，中国学术界将这种在数字技术下的融合性媒介称之为"融媒"，融媒有 30 种以上，主要有数字电视、卫星直播电视、移动电视、IPTV、网络电视（Web TV）、温暖触媒（Red Tacton）、列车电视、楼宇视屏（各种大屏幕）；移动多媒体（手机短信、手机彩信、手机游戏、手机电视、手机电台、手机报纸等）；电话线上网（ISDN、ADSL）、专线宽带网、无线上网；网上即时通信群组、对话链（Chatwords）、虚拟社区、博客（blog）、播客、搜索引擎、简易信息聚合（RSS）、电子邮箱、门户网站；等等。其中既有新媒体形式，也有不少属于新媒介硬件、新媒介软件，或者新的媒体经营模式。迄今为止所有新媒体的出现和发展，都基于三个物理平台：电信网、计算机网和广播网。点对点对称交换的电信网，点对面传播的广播网，以及多点对多点的数字化、计算机网络的交相融汇，形成了融媒体发展的技术基础，而且最为明显的趋势是，IP 技术的引入使电信网和广播网都向互联网不断靠拢。

二、融媒介融合[①]

媒体间的融合经历了媒介互动、媒介整合、媒介大融合三个阶段，最终形成了今天媒介的你中有我、我中有你的互动联合局面，打破了传统媒介的泾渭分明的传播格局，受众和信息之间的关系也出现了深刻的变化，受众参与到信息制造者的传媒队伍中来，一种新型的创新创业模式方兴未艾。

（一）媒介互动——你是你，我是我，你中有我，我中有你

媒体融合的初级形式是媒体战术性融合（convergence of media tactics），一般指传统媒体（报纸、广播、电视、杂志）与新媒体（互联网、手机）之间在内容和营销领域的互动与合作。它的特点是各媒体之间仍然泾渭分明，但是在内容上、营销方式上出现互动和交叉，呈现出"你是你，我是我，你中有我，我中有你"的景象，如传统纸媒向新媒体的业务拓展和延伸即是如此。

（二）媒介整合——你我统一，协同作战

传统媒体希望多媒体经营，新媒体希望获得采访报道权，两方面的诉求一结合就有可能产生各种各样媒体所有权的合并与调整。一个传媒公司或者集团同时拥有报纸、电视、广播、网络等媒体形式，各媒体之间在统一的目标下最大限度地实现新闻资源的共享、开发与整合，各媒体平台协同运作，使媒体公司或集团产生所拥有的有限新闻资源实现最大化效益，将报纸、电视、广播、网络、手机的自身优势发挥到极致，同时又弥补了传统媒体与新媒体各自的先天不足。

（三）媒介大融合——你不是你，我不是我，你就是我，我就是你

随着媒体整合的深入和传媒科技的发展，数字化成为各个媒体平台的共同存在形式，网络、媒体、通信三者大融合，打造出全新的融多种媒体形式于一体的数字媒体平台。

例如，电视具备计算机的特点从而与网络相连，既可以接收和储存数字化内容，也可以让观众与新闻的内容互动。这样的电视已经不是传统意义上的电视媒体，而是被多媒体技术融合了的新媒体。在媒介全面融合的层面，传统媒体与新媒体的界限消

---

① 参见蔡雯、许向东主编：《融媒体建设与创新》，341～491、511～516 页，北京，中国人民大学出版社，2020。

解，形态上殊途同归，都汇流到一个空前的数字媒体平台中。这样的一个数字媒体平台内容容量巨大，不再受传统新闻版面和时间的限制，存储成本越来越低；其内容可以通过多个终端呈现，如计算机、手机，也可以是电视，甚至可能是能随身携带的电子书报。

三、融媒介传播关系模式突破

（一）受众——媒体互动

"融媒"的表现形态不仅仅是报纸和电视传播的融合或广播和报纸传播的融合，也不仅仅是以互联网的形式出现，最显著的是一种传播方式的变化。传统媒体是我写你读、我播你看，现在数字媒体是互动的，"我播你看"的模式逐渐被"人人播人人看"的模式取代，融媒体不仅可读、可听、可看，还可评论、回复、点赞、打赏等。在这一变局中，新闻传播也正应势而动，从规则、流程到渠道、方式都在发生巨变。突破传统的载体樊篱，以"融合新闻"赢得竞争，成为新闻传播变革的必然走向。

（二）舆论去中心化

用户的媒体消费习惯从传统的报纸、电视快速转向移动互联网，话语中心分散、舆论去中心化等特征相继出现。传媒机构随之出现利润下滑和影响力下降等现象。在这种背景下，传统媒体的转型与新媒体的融合发展不仅是媒体自身的需要，也是国家层面对新闻宣传工作的需要。由此而生的新任务和新目标就是媒体融合战略。

（三）基于互联网逻辑的生产模式

互联网能够激发每一个个体的价值，让人们在一个大的社交网络中彼此分享，你的内容、时间、价值、体验、知识、做事能力、社交圈子等，都有可能被某种价值的功能和使用方式所匹配、所检索、所提取、所激活、所利用。每个人都可以在百度百科的模式下，用自己的知识、智慧为全人类的知识生产尽一份心力，每个人都可能成为百度百科的编撰者。基于互联网逻辑的知识生产模式蓬勃发展。

（四）资源配置状况的革命性改变

微博、微信等在融媒体下产生的新媒体信息传播方式，给整个信息传播劳动力配置带来革命性的变革。人际大网在社交媒体的作用下，无所不至、无所不在，信息资源配置效率高、内容丰富、成本低，带来了信息传播的颠覆性的革命和传统传播关系模式的本质性的裂变。每一个人身上都有一种宝贵的资源，比如我的知识、体验。以旅游为例，旅游实际上是一种有含金量的体验，在过去只能跟亲朋好友、左邻右舍、单位同事进行小范围内的分享，价值不过如此，不能成为人类的宝贵价值和资源，无法为社会所利用，这是过去的状况；但是今天，有了互联网就不一样了，任何一个人的吃饭体验、旅游体验，如吃什么、住什么、看什么、玩什么、乘什么交通工具……这些经历都能成为未来千千万万人进行同样选择时的决策参考，每个人的贡献成为全人类的一种知识财富、一种可以利用的知识财富。这就是互联网给我们带来的影响。互联网最大的作用就是激活了潜伏在我们社会各个角落尤其是我们每一个人自己身上的资源，使过去许多无法利用的资源，成为一种宝贵的、可利用的资源。

（五）技术赋予了每个人向社会喊话的权利

"微资源"被充分激活后，每一个个体的力量都不容忽视，每一个个体也都应该得到尊重，互联网把人们带入了一个"平权时代"。每个人都是平等对话者，技术赋予了每个人向社会喊话的权利。因此，应该让互联网来适应我们，而不是我们去适应互联网，这是无知者无畏的一种话语方式，但也是融媒体时代信息传播的最大现实。

融媒体时代的互联网逻辑，对我们提出了崭新的要求，要求我们必须按照这种逻辑行事。

（六）互联互通让内容独占已经很难存在

内容的互联互通给内容生产者带来了最直接的挑战。由于互联互通、媒介融合，内容已经不再是一家独占，大家都在相互竞争、相互替代、相互覆盖，这对于内容生产者无疑形成了巨大的威胁和挑战。当内容互联互通以后，任何一个媒介原有内容的市场价值平均折损了90%以上。换句话说，90%的内容，即使你不说，通过其他的渠道，在互联网上我同样可以获得，这就意味着每一个媒介内容在功能和价值方面的贡献率一下子下降了90%以上。这就是内容互联互通、媒介融合之后给内容生产者带来的巨大压力。所以，内容的互联互通是一把双刃剑，对于内容使用者，意味着使用效率的提升和成本的下降；而对内容生产者，则意味着可替代者无所不在，而自身独有的核心价值在逐渐丧失。

（七）人们能够更加便利地生产和消费信息

微博刚刚出现的时候，有人说你有一千个粉丝就相当于办了一个企业内刊，有一万个粉丝就相当于办了一个杂志，你有十万个粉丝就相当于办了一份都市报，有一百万粉丝就等于办了一家电视台。由于社交媒介的互联互通使每一个人都有可能成为一个媒介，即所谓自媒体，你的自媒体就可以向社会传播、向社会喊话。

自媒体千万级的"大V"从覆盖成本上要比传统大众媒体的覆盖成本低得多，覆盖效率高得多，而且还会加上名人所带来的某种信任。人际大网真正给我们带来的改变，是由人们之间的互联互通所构建起来的精神社会的一种提升，以及沟通成本急速下降所带来的社会资源的一种激活。

第三节　Web 2.0—Web 3.0 的时代新思维

互联网思维的一个基本原则就是：我们给别人的机会越多，我们得到的机会就越多。如果我们把所有的机会都封闭在自己的一亩三分地里，我们就没有机会，就自绝于互联网给我们带来的全部机会，那么我们就必然会被逐渐边缘化，甚至被淘汰出局。互联网所构造的经济形态必定会走出规模经济的单一模式，媒介等产业必将在范围经济、分享经济、集成经济方面创造出更多的价值，实现新的路径，构建一个功能完备、质量上乘的服务于用户某一需要的生态链，而这一切便是我们新市场和新希望之所在。

一、在线社区思维

早期人们对互联网经济的认识，主要在"虚拟经济"这一层面，也就是将网络从现实空间中抽离出来，单纯关注由虚拟互动带来的经济可能，而今天人们更多地意识到，网络经济不仅是虚拟经济，而且是现实与虚拟互动的结果，"互联网＋"正是基于这样一种认识。

"互联网＋"的主要倡导者之一马化腾认为，"互联网＋"是以互联网平台为基础，利用信息通信技术与各行业的跨界融合，推动产业转型升级，并不断创造出新产品、新业务与新模式，构建连接一切的新生态。在各种与"互联网＋"及互联网经济有关的新思维、新模式的思考中，共享经济、社群经济、场景经济、数据经济等提法尤其受到关注。

发挥融媒体互通互联的媒体特质，构建起一个相对具有信息发布权的社区，并激活社区生态，是目前各行各业重要的工作内容之一。互联网的社区，当然不是实体的社区，而是一个虚拟的网络社区。这样的一种微资源的聚集，是真正有影响力、有未来、有活力的力量。

在 Web 2.0 时代，一个典型的互联网创业公司的成长，首先需要花费大量的资金，用资本换取规模，在短时间内在互联网空间实现快速扩张。无论是互联网打车市场的丰厚补贴，还是电商平台的优惠轰炸，又或者是内容平台的创作激励，无外乎都是在占领市场，而占领市场的方式，是在网络人群中通过建立在线社区跑马圈地，聚集起来的在线社区规模越大、越稳定，对于公司业务的未来发展越将具有举足轻重的作用。随着 Web 3.0 的全面发展，不仅原有巨头在各行各业正快速布局，新兴的创业公司也正带着新鲜血液、新技术来"抢占先机"。虽然 Web 3.0 的创业逻辑已经根本不同于以往，但对品牌社区的经营，却是一如既往的。

在线社会支持作为一种极具潜力的社会支持方式，通过提供广泛的信息、情感和网络陪伴等，能够保障社会成员身心健康，实施弱势群体救助和提升社会幸福感，并通过特殊领域的深度支持，有效疏导转型时期的社会情绪，缓解社会矛盾。虚拟社区中具有专业特长的用户，被推荐给信息需求者，信息需求者可以快速获取其帮助，共享其隐性知识，对于解决信息过载问题、提升用户体验和知识共享水平具有重要作用。

二、关系资源思维

今天我们要在互联互通当中寻找价值增值的巨大市场，因为在未来的社会发展中，最大的价值生成都是在互联互通当中发生的，因此关系渠道、关系资源就是我们价值链当中的基本渠道。

关系资源，意即关系就是资源，而这种资源不再来自我们传统的靠跑人际关系来建立的客户资源库。传统人际关系客户资源仍然是需要的，但却不再是唯一的。在融媒体的互联互通的传播模式下，在未来的社会发展中，最大的价值生成都是在互联互通当中发生的，因此关系渠道、关系资源就是我们价值链当中的基本渠道。内容再重要，如果没有关系资源这个渠道去送达相应的用户，内容的价值就很难实现。关系资源是我们在全媒体的平台上发展出的价值链。内容和服务的渠道和端口建设应该视生态链的需要而定。构建一个功能完备、质量上乘的服务于用户某一需要的生态链，是从过去我们熟悉的一个个"点"的经营，到今天要在互联互通当中寻找我们价值增值的巨大市场的一个巨大的思维转变。

网络提供的虚拟空间，让人们获得了前所未有的开放性、平等性、隐蔽性、虚拟性等环境特征，构建了人们更为平等的意见表达平台、更为安全的隐私保护机制、更为多样化的精神家园等。中外研究者甚至认为在网络环境的交互中形成的网络人格比现实个体人格更为稳定和持久。

一项调查数据显示：64.3%的青少年网民愿意在互联网上进行分享，其中小学生在信息分享中持有较为积极的态度，非常愿意分享的比例高于其他群体；49.2%的青少年网民愿意在互联网上发表评论，并且年龄越小，发表评论的意愿越高；58.4%的青少年网民对互联网非常依赖或比较依赖，青少年群体中，年龄越高，对互联网的依赖程度也就越高；60.1%的青少年网民信任互联网上的信息，青少年网民年龄越小，对互联网的信任度就越高。青少年人群逐渐在社交网络中形成了拥有自己特色的青少年亚族群。

三、信息茧房

信息茧房是指人们会习惯性地被自己的兴趣所引导把关注的信息领域固化、窄化，从而将自己的信息获取局限起来的现象。由于信息技术提供了更自我的思想空间和任何领域的巨量知识，也产生了部分人群严重依赖于网络获取信息，依赖于网络社群进行人际交流，而封闭现实中的自我。人们把网络时代的这一现象称为"信息茧房"。

桑斯坦在其著作《网络共和国》开篇生动地描述了"个人日报"（dailyme）现象。在互联网时代，伴随网络技术的发展和网络信息的剧增，我们能够在海量的信息中随意选择我们关注的话题，完全可以根据自己的喜好定制报纸和杂志，每个人都拥有为自己量身定制一份个人日报的可能。长期处于过度的自主选择，沉浸在个人日报的满足中，个人会失去了解不同事物的能力和接触机会，不知不觉间为自己制造了一个信息茧房。当个人禁锢在自己所建构的信息茧房中，久而久之，个人生活呈现一种定式化、程序化。

信息茧房会束缚你的眼界，让你成为井底之蛙。创新创业者在面对互联网用户的调查时，要意识到信息茧房现象的存在，突破信息茧房的局限，以便做出更为深入全面的用户行为分析。

四、大数据思维

巴拉巴西在《爆发：大数据时代预见未来的新思维》中提出："人类行为有93％是可预测的。"你相不相信这个判断？他如何得出了这个结论？他所说的"人类"是什么层面上的人类？实际上，巴拉巴西所依据的正是在我们今天的社会中炙手可热的大数据技术。

大数据是随着新技术以及社会发展而必然出现的一个技术。以数据为驱动的商业模式越来越多，移动互联网技术、移动通信技术和新媒体技术，这些都在催生大数据。

大数据的本质是数据挖掘。数据挖掘就是从大量的、不完全的、有噪声的、模糊的、随机的实际应用数据中，提取隐含在其中的、人们事先不知道的、但又是潜在有用的信息和知识的过程。大数据时代其实更多的是指大数据科学，它包括数据挖掘、文本挖掘、情感挖掘、语义挖掘等。

大数据的特征包括：它是商业自动生成的。它是一种非结构化数据，比如文本的信息、空间地理的信息……这些数据都不是传统的小数据生产手段能够产生的。它是一种高维度数据，数量巨大。它具有边生产边应用、边应用边生产的特点，每一个大数据条件下的数据都带有时间标签，所以大数据具有比较典型的时间序列特征。它强调的是全体而不强调抽样，更强调相关而不太重视因果。

大数据与小数据有着根本的差别。小数据是我们通过传统的抽样调查的方法所获得的数据。小数据分析更多给出的是群体行为模式，如北京大学生如何，高收入群体如何……现在我们则可以基于大数据，分析和挖掘每一个人的社会行为。如果我们能够从大数据中捕捉某一个个体行为模式，并将分散在不同地方的信息数据，全部集中在大数据中心进行处理，就能捕捉群体行为。它可以感知整个社会的情景和信息的瞬间变化，它已经不是泛泛的"人"的概念，它指的就是"你"。

因此，我们说大数据思维就是基于高维度的、非结构化的、动态的个体行为分析作为趋势研判基本路径和方法的思考方式。如基于微博等社会化媒体的舆情研究、消费者的个性化推荐、股市交易的异动监测、城市交通的智能化等，这些都是基于大数据分析的趋势来进行研判的。

当前我国网民数量、手机用户均已经超过10亿，网民数量进一步增长的空间有限。移动互联网月活跃用户增速持续下降，互联网增量红利逐渐消退，所以消费互联网的流量天花板早晚会到来。数字经济真正的蓝海在于数字化平台与生产场景相结合，对传统产业进行赋能升级，形成产业互联网。根据测算，仅仅在航空、电力、医疗保健、铁路、油气这五个领域引入数字化支持，建设产业互联网，假设只提高 1‰的效益，平均每年就能产生 200 亿美元的利润，这是一片巨大的蓝海。中国的传统产业规模巨大，因此发展产业互联网的价值空间也非常巨大。①

五、用户画像思维

互联网创新的最关键之处在于对用户的洞察以及对用户需求的了解程度。这就是为什么有些人总感觉没有机会，无论做什么都有很多竞争，因为他们只看到大量重复的、一拥而上的竞争者，因为他们的用户洞察能力太差。

虽然对个体来说，每一个当下的表达都有可能以数据的方式被各种平台记录成为难以抹去的痕迹，但是，对社会群体来说，保持对一个事件或话题的持久关注并将之凝固在记忆里却并不容易。这就意味着用户是变动的，而不是不变的。

用户画像的构建，主要依赖于对用户信息的采集。用户信息中宏观层面的数据主要包括行业数据、用户总体数据、总体内容数据等，微观层面的数据主要包括用户属性数据、用户行为数据、用户成长数据、用户参与度数据、用户点击数据等。宏观数据的采集可以通过如行业分析报告(比如《新媒体蓝皮书》系列等)、第三方大数据平台、第三方大数据分析报告、用户访谈记录等渠道进行数据采集。

通过分析加工资料，可提炼出用户群体的共同要素，将其化为关键词，构建可视化模型。经过上述环节，我们已经给目标用户群体贴好了个性标签，然后再描述出其显性画像和隐性画像，就能得到一个相对完整的用户画像了。当用户画像呈现出来后，运营者应当以此为依据来制订运营策略和运营规划。

《中国青少年研究》刊登论文《"00 后"调查报告：他们不切实际却更加有趣》《从"90后"到"00 后"：中国少年儿童发展状况调查报告》，美图公司发表《"00 后"App 使用情况调研报告》，等等，在这些论文、报告中，"00 后"用户群体特征可以表述为这几个关键词：创意导向、脑洞大开、圈子意识强烈、喜欢专属产品、强个性化需求、娱乐精神十足。通过这几个关键词，"00 后"用户群体的整体标签就基本形成了。随之而来的是出现了一批以"二次元""盲盒"为创新理念的产品创新和营销模式。

从 Web 1.0 到 Web 3.0，网络科技的迅猛发展不断创新着网络虚拟世界和真实世界之间的关系，构建起了网络世界和真实世界的强烈互动、互相影响和参与模式。信息传播模式的变革更是进一步助推了现实人群聚集模式向网络平台聚集式的转变。网络平台聚集人群的强大规模和能力，对创新创业模式产生了变革性的影响，网络大数据成为生产要素，在线社区、大数据、用户画像等网络思维模式是新一代的创新创业

---

① 黄奇帆、朱岩、邵平：《数字经济：内涵与路径》，2915～2918 页，北京，中信出版集团，2022。

者所必须具备的。

▶▶ 思考与实践

1. 谈谈你对"三情"传播技巧的理解和认识。

社交媒体传播的技巧中有一个"三情"理论，即内容能否调动受众的情欲、情绪、情感，这对传播效果影响很大。首先是情欲，是指受众对内容访问的欲望。根据马斯洛需求层次理论，我们有生存的需要、归属的需要和成长的需要，而且越底层的需求越能够激发人的欲望。现在比较火的传播，基本利用了人的基本需求。其次是情绪，主要指艾克曼提出的喜、怒、哀、惧。最后是情感。传统新闻报道最重要的是客观性原则，但是在新媒体传播时更强调主观性和情感因素，因为在社会化媒体中，内容的指向性很强，而且可以@具体的人，所以在这个过程当中情感反而更重要。[1]

2. 谈谈你对下面观点的理解。

"大数据时代处理数据理念上的三大转变：要全体不要抽样，要效率不要绝对精确，要相关不要因果。""这仅仅只是一个开始，大数据时代对我们的生活，以及与世界交流的方式都提出了挑战。最惊人的是，社会需要放弃它对因果关系的渴求，而仅需关注相关关系。也就是说只需要知道是什么，而不需要知道为什么。这就推翻了自古以来的惯例，而我们做决定和理解现实的最基本方式也将受到挑战。"[2]

---

① 刘燕南主编：《跨屏时代的受众测量与大数据应用》，3047～3052 页，北京，中国传媒大学出版社，2016。

② ［英］维克托·迈尔-舍恩伯格、［英］肯尼思·库克耶：《大数据时代：生活、工作与思维的大变革》，盛杨燕、周涛译，16～17 页，杭州，浙江人民出版社，2013。

第二章　大数据创新思维

在网络普及化、智能手机普及化，个体的每一个行为都将在网络上留下痕迹的今天，在痕迹中寻找规律、寻找有价值的信息，发现问题，构建策略，这就是大数据思维，也是当下影响个体和社会生产的最重要的因素。

本章关键词： 大数据；大数据形态；大数据思维；数据认知素养

第一节　大数据形态

中国提出了大力发展数字经济的战略布局，并把数据作为社会经济系统的一个重要生产要素，以推动数据要素的市场化配置。数字经济正在成为重组全球要素资源、重塑全球经济结构、改变全球竞争格局的关键力量，也成为中国产业结构、能源结构、生态结构调整的重要抓手。

国家《"十四五"数字经济发展规划》指出："数字经济是继农业经济、工业经济之后的主要经济形态，是以数据资源为关键要素，以现代信息网络为主要载体，以信息通信技术融合应用、全要素数字化转型为重要推动力，促进公平与效率更加统一的新经济形态。"

数字经济是数字技术与人类社会全面融合的产物，是人类经济社会系统发展的新阶段。党的十八大以来，中央对发展数字经济做了大量部署，提出了加快数字产业化、产业数字化，加强数字社会、数字政府、数字生态建设，尤其是把数据作为基本生产要素进行市场化配置。数字经济呼啸而来，具备大数据思维势在必行。

一、大数据

（一）大数据概念

大数据，又称巨量资料，是一种海量、高增长率和多样化的信息资产。其规模巨大到无法通过人脑，甚至主流软件工具来收集和处理，需要更新的处理模式（如 Ha-doop 技术），才能实现对海量数据的收集、管理，内在价值挖掘与分析，并从对海量数据的处理中，获得更强的决策力、洞察发现力和流程优化能力。

2011 年 5 月，全球知名咨询公司麦肯锡（McKinsey Company）发布了一份报告《大数据：创新、竞争和生产力的下一个新领域》，第一次全方面地介绍和展望大数据。报告指出，大数据已经渗透到全球范围内的每一个行业和业务职能领域，成为重要的生产因素；人们对海量数据的挖掘和运用，预示着新一波生产率增长和消费者盈余浪潮的到来。在 2011 年 12 月，我国工信部把信息处理技术作为物联网发展中的 4 项关键技术之一提了出来，其中就包括海量数据存储、数据挖掘、图像视频智能分析等，这些技术已经构成大数据技术的重要组成部分。

（二）4 "V" ①

人们常用 4 个"V"来描述大数据。

（1）Volume，数据量大，大数据的起始计量单位至少是 PB、EB 或 ZB，数据量极为浩大。

（2）Variety，类型繁多，包括网络日志、音频、视频、图片、地理位置信息等，多类型的数据对数据处理能力也提出了更高的要求。

（3）Value，价值密度低，随着物联网技术的广泛应用，信息感知无处不在，因而信息海量，但价值密度相对较低，如何迅速完成对大数据的价值提取，是大数据时代亟须解决的问题。

（4）Velocity，处理速度快，时效性高，要求不仅能够收集与存储海量数据，还要对海量数据做出快速处理。这对大数据时代数据驾驭能力提出了新的挑战，也为获得更为深刻、全面的洞察能力提供了前所未有的空间与潜力。

（三）**大数据价值**

大数据在多个行业和领域中有着广泛的运用，比如通过对每条道路上拥堵信息的收集、整理与分析，来更好地运用于交通指挥；通过对企业生产经营中各环节数据的分析，来更好地运用于企业管理等。同样，通过对消费者的上网习惯、搜索习惯等进行分析，可以有效地捕捉到消费者的直接或潜在的购买需求，做到营销广告投放方式、广告内容等的精确化。在消费者上网时，企业第一时间将自己的营销信息推送到消费者所浏览的网页，或者以 App 信息推送的方式传达给顾客。这些是大数据在营销领域中的一些具体运用。

（四）**大数据来源**

大数据之大有三个要点：静态之大、动态之大和运算之后的叠加之大。②

---

① 曾杰：《一本书读懂大数据营销》，164、145～205 页，北京，中国华侨出版社，2016。

② 黄奇帆、朱岩、邵平：《数字经济：内涵与路径》，814、2204、2239 页，北京，中信出版集团，2022。

一是静态数据量大。例如，北京图书馆的藏书能全部以数字化的形式存储。

二是实时动态变量大。每一秒、每一分钟、每一小时、每一天，数据都在产生变化。全球 70 亿人有六七十亿部手机，这些手机每天都在打电话，每天都在计算，每天都在付款，每天都在搜索。所有的动态数据每天不断叠加，不断丰富，不断增长。量变会引起质变，就像累积 60 张静态照片可以形成一秒的实时电影，大量静态数据的存放也会不断更新、累积，形成新的信息。

三是数据叠加处理后的变量之大。人们根据自身的主观需求，对动态和静态的数据进行处理分析、综合挖掘，在挖掘计算的过程中，又会产生复核计算以后的新数据。这种计算后数据也是数据库不断累积的数据。

总之，静态数据、动态数据、经过人类大脑和计算机处理后产生的数据，这三者共同构成了大数据的数据来源。

二、从数据到数据要素

数据要素是指数据成为生产要素，尤其是消费者的消费数据成为生产要素。数据成为生产要素就赋予了数据价值和产权的特性。生产要素需要具有明确的产权、定价模式和交易模式，所以数据的要素化过程，就是逐渐形成数据产权、定价、交易模式的过程，要经历数据资源化、数据资产化、数据资本化三个基本阶段。

（1）数据资源化。资源是指自然界和人类社会中可以用于创造物质财富和精神财富的物质，单一的数据不能成为资源。数据资源化，是要让数据能够参与社会生产经营活动，可以为使用者或所有者带来经济效益。区别数据与数据资源的依据主要在于数据是否可以规模化开发利用。一个国家、一座城市，首先要完成对数据资源的"勘探"，制定数据资源的开发策略和基本模式，并建设相关的基础设施。

（2）数据资产化。随着数据价值被普遍认可和数据资源被广泛开发，数据将逐渐成为个人、企业、政府的一项重要资源，使用越多，产生的数据越多，其可能带来的价值就越大，从而数据资源转化为数据资产。

（3）数据资本化。数据成为资产之后，数据在经济活动中的地位开始等同于传统的资本投入。资本可以划分为物质资本、人力资本、自然资源、技术知识等，数据资产是在数字经济时代资本呈现出的新的内涵。所以数据的资源开发需要进行策略和基本模式的开发研究，并建设相关的基础设施。

数据成为资源、资产、资本的首要前提，是数据的要素化。判断数据是不是已经成为一个地方生产要素的依据，主要在于其是否产生了经济效益。

数据要素具有如下特征。

（1）非竞争性。数据要素开发成本高，在动态使用中发挥价值，边际成本递减。

（2）非排他性（或非独占性）。数据可复制、可共享、可多方同时使用，共享增值。

（3）非耗竭性。数据可重复使用，逐渐成为个人、企业、政府的一项重要资源，使用越多，产生的数据越多，其可能带来的价值就越大。经过人类解释后的数据可再生，在合理运维情况下可永久使用。

（4）非稀缺性。万物数据化，快速海量积累，总量趋近无限，具有自我繁衍性。

（5）非恒价性。数据要素的价值随着应用场景的变化而变化。不同的应用场景，数据要素价值也不同。

由此可见，单一的数据不是资源，因而也不是生产要素，也不是资产。数据要成为资源、成为生产要素，就要经过要素化过程，即数据需要经过采集、传输、计算、存储和分析等过程。

第二节　大数据思维

当大数据由个体产生的行为记录转换为生产力的要素的时候，如何理解和界定大数据的产权、大数据的基本属性，这是大数据思维的重要特征。

一、数据产权理解

数字经济时代，全球数据量呈现出爆发式的增长，数据的资源属性不断增强，通过大规模的数据收集、处理和分析挖掘，大数据应用产生的经济价值不断显现。而在数字化时代，个人数据需要参与到各类网络双边交易中，在平台上经过加工、处理转化成信息、知识，这就需要对数据产权进行合理界定。

（一）个人消费数据的所有权

当某一个平台通过大数据、云计算、人工智能把千千万万碎片化的毫无价值的信息通过导流加工成有方向的、有意义的数据时，这个平台是否应该拥有所有权呢？

消费者在网络平台购物、浏览时，留下的有关个人信息（比如手机号、身份证号、邮箱、消费偏好等）原始记录的数据应该归消费者自己所有，网络平台应只有使用权，除非征得消费者明确同意，否则网络平台不应当拥有上述个人信息的所有权。比如个人在浏览器上的浏览记录，自己是可以直接删除的，网络平台不得私自保存。网络数据逐渐成为个人、企业、政府的一项重要资源。

平台对个人留下的数据只有使用权，可以用个人数据在平台上为买卖双方进行撮合或导流。比如今日头条可以根据个人的浏览记录来推送个人感兴趣的新闻和信息，这个过程就是行使了对个人信息的使用权。与之相关，网络平台在行使其掌握的个人信息使用权时，不能借助该信息优势进行任何可能侵害所有权人利益的不当操作，如搞大数据"杀熟"、利用数据优势进行价格歧视等。因为使用权仅仅是所有权的权能之一，所以网络平台对他人的个人信息行使使用权时，不能对所有权人本身的利益构成损害。

(二)数据脱敏及所有权

网络平台对个人信息进行采集、计算、处理后形成新的数据，处理后的数据消除了个人痕迹，如姓名、ID、数额等个体特征。以海量数据为基础，网络平台计算出数据的趋势特征，这个过程称之为数据脱敏过程。数据脱敏可以由国家成立并运营的大数据交易中心来承担。

未脱敏数据不能以任何形式出售或提供给体系外的银行、广告商等机构，否则原始数据人就拥有向网络平台主张获益的权利。但原始数据人的该项权利应当如何保护，存在一定的操作难度，技术上可能需要用到区块链技术，制度上国家应实行严监管。未脱敏的数据应只限由成立并运营的大数据交易中心来承担使用，产生的数据越多，其可能带来的价值就越大。

脱敏后形成新的数据集，这个数据是加工后的信息，在不以任何形式侵犯个人隐私权的前提下，网络平台可以拥有脱敏后个人信息的所有权。根据自身经营需要，网络平台可以出售此类数据，比如可以被用作各种市场研究，研究某个产品可能的市场需求率、客户群体的分类等。换言之，任何网络平台不能把未脱敏的数据对外出售；只要是出售的数据，就一定是脱敏过的。

网络平台对脱敏后的数据在交易中如果产生了收益，原始数据的提供人有没有主张的权利呢？应该明确认定为"没有"。一是数据脱敏了，不存在侵害隐私权的可能；二是如果认定个人有主张的权利，在实践中举证自己的权利和验证举证的真实性，成本极高，根本无法操作，并且会严重挫伤网络平台发展和互联网交易的积极性。如果把有关数据交易的监管权力界定给国家，国家就可以对数据交易征税。

二、大数据基本属性

大数据思维是指通过对大数据本质的认识和在此基础上依据大数据特征所建立起来的思考方式。建构大数据思维是对大数据运用价值开发的基础。

(1)数据是取之不尽、用之不竭的。与土地、劳动力、资本等生产要素不同，数据作为客观世界的"符号"，随着客观世界的演化而不断产生，从这个角度，可以将数据看作客观世界"熵"的反映。数据的这个特性意味着数据是无穷无尽的，因此要充分发挥数据的潜力，将数据转化为信息、知识、智慧。

(2)原始数据是碎片化的、没有意义的。知识的产生要经历数据、信息两个阶段，意味着如果没有人类的组织、加工，这些千千万万的数据本身对于社会毫无意义。只有将数据组织起来，从中探索出信息、知识，才能更好地推动人类文明进步。

(3)数据不可能都是原始的，其加工过程就是由无序到有序的过程。数据并非独立于思想、工具、实践而存在。数据的出现就意味着处理、分析流程已经在运作。因此，数据就是信息本身。不存在先于分析的或作为客观独立元素的数据。数据的加工过程，就是将处于原始状态的数据，即无序的数据变成有序的数据的过程。

（4）数据产生数据。与其他生产要素相比，数据的一种主要特性是按照指数模式增长，并且具有数据产生数据的特征。于是，数据的总体规模不断呈现数量级的增长。不久之前是 PB(Petabyte，千万亿字节，拍字节)、现在是 EB(Exabyte，百亿亿字节，艾字节)、未来很快是 ZB(Zettabyte，十万亿亿字节，泽字节)。

（5）数据在利用过程中产生了价值与产权。数据经过人工与机器处理后成为信息，然后变成知识，再变成决策判断、信用判断的工具，为数据平台带来了商业利益，从而数据就创造了价值。同时，数据在创造价值的过程中，数据的产权归谁所有，利益如何分配，也是数据利用所面临的一项重大课题。

（6）数据可以多次转让和买卖。数据是无形的，作为一种非消耗性资源，使用越多，产生的数据越多，其可能带来的价值就越大。经过人类解释后的数据，如果仅仅被个别人使用，它能够产生的知识就相对有限，产生的价值也会大打折扣。

第三节　大数据创新

大数据转换为生产力要素之后，被广泛地应用到社会生产的各个领域，推动了以大数据为基础的行业创新。大数据的商业思维、大数据创新的商业模型、大数据价值变现等方面的实践经验都能够启发我们更好地运用大数据进行创新。

一、大数据商业思维

（一）大数据营销

大数据营销让一切营销与消费行为皆数据化。当我们判断某个话题或行为是否热门时，一个重要的参考依据是这个话题或行为所带动起来的上网流量为多少。通常说，聚焦于某个话题或行为的上网流量越多，就说明这个话题或行为越引人关注。上网流量是可以测量与数据化的。人们在上网时，上网流量的变化伴随始终，对某个网页的访问次数、访问时间、发帖内容等，都是可以追踪与衡量的，商家进而采取有益的营销措施，从而形成一个营销闭环，即"消费—数据—营销—效果—消费"。

（二）大数据营销让社交网络平台更具价值

社交网络平台通常聚集了较高的人气，这是因为，沟通与交流是人类的一大基本需求，很多宝贵的营销信息在沟通中得以凸显。比如，微博、微信、QQ等社交网络平台之所以被人们广泛使用，便在于它们很大程度上满足了人们的社交需求。采用大数据技术在社交网络平台上提炼大众意见，相当于捕捉到了顾客群的产品需求，然后以此为据，去做产品、做营销，就会使工作更有针对性。

（三）大数据营销让购买行为日益程序化

在传统营销中，销售人员通常要找到潜在顾客群，然后说到顾客心眼里，还要将产品介绍到位等，才能促使顾客做出购买决定。在互联网与大数据时代，我们可以利用大数据技术进行受众分析，帮助企业找出目标受众，然后对产品广告投放的内容、时间、形式等进行预判与调配，使得顾客只要看到营销广告信息，就足以下定决心购买，从而完成整个营销过程，提高营销效率。

（四）大数据营销让线上线下加速整合

当前大数据，比较倾向于对 PC、智能手机两大类平台线上数据的分析和挖掘。事实上，顾客的时间和行为正在分散到各个屏幕上。除 PC、智能手机以外，Pad、电视、腕表等设备的屏幕，也能够整合线上与线下资源。大数据营销需要多屏幕收集顾客的兴趣点，实现营销信息发布的多屏化，这样能促进与巩固客户的程序化购买行为。

（五）大数据营销打造智慧数字生态环境

精准营销是大数据营销的一个核心方向和价值体现，大数据营销旨在打造一种"数字生态环境"，这主要包括两个方面：一是商业智能化，包括企业人力资源、原料采购、销售市场拓展、内控成本分析等诸多层面；二是消费智能化，主要以消费者个人信息为核心，建立信息组织与分析模型，更好地提升顾客体验。总的来说，大数据营销可以使企业生产经营与消费者需求更好地结合起来，形成一个良性互动的生态环境。

二、大数据商业分析模型

IT 造就了很多电商渠道并提供了很多 O2O 服务的场景，IT 时代让营销过程数字化，并有大量的消费者数据沉淀。当消费者数据进入社会生产流通环节时，产品营销就进入 DT 时代，即数据技术时代。DT 时代是又一次商业效率的革命，DT 时代最核心的有两点：一是建立个体预测分析模型；二是通过大数据实现行动性分析程序化。这要求相关企业既要有传统调研公司、数据挖掘公司做模型的能力，也要有互联网大数据计算的能力，这样才能发挥出大数据营销的价值。例如，可以利用数据来做口碑分析、产品兴趣的洞察，以及在线个性化的体验。

（一）大数据分析基本理念

首先，海量个体使获得更加精准和连续的商业曲线描述成为可能。在小数据时期，以抽样调查为基本数据取样方式，商业曲线是采样性的，从几十万个样本中做几次采样，然后得出一个离散曲线，慢慢去做拟合。在 IT 时代，则把所有的受众看成是海量的群体，而在 DT 时代，有了数据技术后，可以将每个消费者识别出来，追踪并预测消费者的下一步行为。这就使得海量的群体变成海量个体，就可以更加精准和连续地描述商业曲线。有了真正海量的个体数据，就能得到连续的曲线，而不是一个离散的曲线，而用连续的曲线描述一个事件或空间，会更加精准。

其次，可视化系统从原来的"T＋1"分析到实时分析。在数据技术蓬勃兴起之前，市场研究的公司会通过发放调研问卷来收集用户的意见，比如调研明年的广告该怎么投，就会把今年的广告数据做一个整理、分析、加工，然后给出一个几段论式的报告。

这样的工作周期会很长，采集、分析数据往往需要几星期、几个月，因为所有的工作都是人工完成。在这一阶段，数据分析师常用的工具是 R 语言、SPSS、Excel 或者是一些其他的建模工具。但到了数据技术时代，这些工具会被全部抛掉。因为在 DT 时代，数据从流入到清洗到加工到展示，都变成了实时化。也就是说，营销活动刚刚开始，就可以看到所有传播者的行为轨迹。最明显的变化就是从过去的"T＋1"模式到实时交互分析，营销效率会极大提升。

最后，从复杂的人工规则到智能化、程序化。有了海量个体大数据后，会使得整个决策过程变得非常智能化和程序化。在没有大数据的时候，做营销的过程是由规则驱动。规则由有经验的人制定，他的判断反映在程序语言里面是 IF、ELSE 等一些逻辑规则，即当一个事情发生的时候应该执行什么，另外一个事情发生的时候又该执行什么，这也就是我们经常看到的专家系统。但当两个规则对立、有分歧的时候，专家系统往往会出现"打架"的情况。但是所有的事情不是非黑即白、非 1 即 0 的，应该把整个世界描绘成一个概率事件，即任何事情的发生都有一定概率。所以，在 DT 时代，一切规则都会被废除，只有用数据去说话才是最佳的决策方法。

(二)大数据分析基本框架

数据源分为外部数据和内部数据。通过外部数据和内部数据结合，数据公司给客户做数据分析，然后提出一定的策略导向和建议。

1. 内部数据

内部数据指对企业产品的直接消费行为数据，如在线点击数据、购买数据、维修数据等，以企业内部数据为主，如企业内部的消费数据、在线点击数据等，需要考虑的是买了数据以后该怎么运营。

2. 外部数据

外部数据指与企业没有直接发生关联的潜在受众的洞察数据，如受众更喜欢什么样的广告，受众对广告的阅读习惯、阅读时段等，这部分数据主要用来解决产品的销售策略问题，如媒介该怎么投、内容该怎么制定、文案该怎么写、意见领袖该怎么选等，这些数据以外部数据为主，主要是媒介的数据，包括微博、微信、电信的数据。

3. 事实分析、预测分析、行动分析

利用大数据对营销行为的分析，可以总结为三种：事实分析、预测分析、行动分析。

事实分析，指分析实际发生的事情，即发生了什么事情。比如在做会员运营的时候，会员的增长、流失、活跃情况以及异常值等都属于事实分析的范畴。事实分析是做多渠道会员运营的分析，比如造成会员爆发性增长或断崖式下跌的原因是什么。在线上用户运营方面，事实分析主要是实时会员运营趋势分析，比如某一时刻会员数量是多少，会员流失、增长的情况。

预测分析，指应用群体事件形成一个模型，来看相似群体可能在下一步执行的动作是什么，如意见领袖发现、产品需求分析、潜在客户挖掘等。预测分析包括流失行为预警、潜在消费者的挖掘、消费者价值模型，还包括高流失用户发现、影响力用户发现和作弊用户发现等。

行动分析，指当知道一个人的下一步动作的时候，如何对他的行为产生影响。例如，当发现一个即将流失的用户时，该给他发多大金额的红包才能留住他。行动分析是个性化设计，如在产品包装纸上印每个人的名字，这实际上已经进入了个性化设计和制造的阶段。我们在线上就经常见到电商网站实时的个性化产品推荐、实时的个性化折扣等，且老用户给得少，新用户给得多。

三、实现数据价值变现

所谓数据变现就是不断让消费者价值最大化。互联网预言家凯文·凯利讲过："未来所有公司都会变成大数据公司"，意思是说所有的公司都会买卖数据，每个消费者最后的价值都会变成一个可以变现的过程。

（一）消费者的价值

内部购买价值、外部流量价值以及消费者作为自媒体产生的分享价值构成了消费者价值的三个方面。内部购买价值是指网络消费平台通过给消费者提供消费体验和服务而从消费者那里获取的价值。例如，消费者在使用打车软件的时候，会和出租车产生一个交易，打车软件会赚取一笔服务费，这就是内部购买价值。

外部流量价值是指当你有了足够的流量，你可以把流量卖给其他跟你没有竞争关系的品牌，消费者将红包分享到朋友圈或其他社交媒体时，给第三方品牌所带来的曝光价值就是外部流量价值。

分享价值是指消费者将红包分享到朋友圈或其他社交媒体时，红包天然带来了链式反应，吸引了更多用户的持续使用或是对 App 的下载。如果一个新用户的获取成本与老用户的激活成本是某个值，那么这种链式反应就必然带来可以计算的传播价值。

（二）如何实现消费者价值最大化

有了消费者数据后，就可以高效地把消费者价值给挖掘出来，也就是把消费者这三方面的价值最大化。要实现价值最大化，需要把握好三个要素：多、快、好，即多采集、快消耗和好的转化。

1. 多采集

要在足够多的数据接触点上采集足够多的消费者行为数据。假设每个品牌有潜在的 100T～200T 的消费者数据，要让一个数据贫瘠的品牌变成一个数据丰富的品牌，就必须做大量的数据积累。

2. 快消耗

要尽可能快地把数据利用起来，也就是说，数据从接触点来到接触点去，比如接触点在微信上，除了采集微信上的数据，还要在微信上让一切可能再产生的内容和产品被曝光、推送。

3. 好的转化

要在对的时间和地点，把对的内容传给对的人，因此好的转化与对消费者的描述精细程度有关，也就是说，能否做到最恰当的匹配内容和渠道，会影响到高效的转化和高效的价值兑现。好的转化还包括"省"，现在的传播可以在转化的过程中实现二次传播，让每个自媒体都动起来。

数据有很多的应用场景，"多""快""好"构成了数据价值变现的核心要素，只有做到这三个要素，数据变现的效率才能提升。

4. 为实现数据价值的最大化，需要打通互联网不同平台之间的数据孤岛

很多数据孤岛是人为造成的，并不是技术上不能实现打通，因此打通数据孤岛需要多方的努力。比如，电商平台有消费者的电话号码和账号数据，社交平台认证之后有用户的电话号码和微博 ID。客户在购买了电商平台的电话号码数据后，可以直接做广告投放，而在投放的过程中，可以通过兑奖实现用户数据的匹配。因为兑奖码和电话号码是绑定的，用户在社交平台上点击兑奖时，又能获取到用户的 ID，这样就可以打通电商平台和社交平台账号之间的联系。也就是说，整个匹配过程是通过营销活动去完成的，而营销的背后，又通过加代码的方式，不断地去匹配不同平台的数据。这个匹配的过程是通过 cookie 进行的，不会改变原来的用户体验，整个过程是数据和服务之间一个整合的过程。例如，电商网站上有很多浏览者，这些人不一定会产生购买行为；但是当同一个 cookie 也出现在线上媒介时，系统便会推送该 cookie 在电商平台浏览过的相关产品到社交平台上，重构就完成了。

5. 做用户画像

在数据价值变现中，用户画像是把对的商品呈现给对的人的一大关键，通常用三种类型的标签为用户画像：行为标签、事实标签、群组标签。[①]

第一类行为标签，就是把用户访问了什么页面、点击了什么按键等行为做标签。

第二类事实标签，分为 6 个大的维度，包括用户识别信息、自然人属性、品牌关系、互动沟通倾向、购买产品倾向、传播影响力。事实标签是根据行为标签计算出来的，通过事实标签基本上可以将一个人量化。

第三类群组标签。把跟业务需要有关系的用户分群叫作群组标签。群组标签可以基于事实标签进行自由组合，形成各个用户群体，最后就可以做相应人群的洞察和计算。例如，把女性、年龄超过一定岁数的、购买能力超过一定数额的人群定义为"高收入的妈妈群体"。在计算方面，用"图计算"来进行用户画像系统的构建。所谓图，就是通过节点和边来连接。在大数据计算里，图计算方法的表达是比较流行的，所有的互

---

① 刘燕南主编：《跨屏时代的受众测量与大数据应用》，2918 页，北京，中国传媒大学出版社，2016。

联网行为都可以用图去表达。例如，微博的关系结构右边对应的是用户、明星、音乐、话题，可以通过节点与左边的用户相关联。另外，网站上的点击行为也可以通过"图"去表达，某一个点击在另一个点击之前，导致另外一个点击的爬升，这是由于事件发生了逻辑关联。两个节点之间的关系可以有多个路径做相应的关联计算，通过获得数据的关联性，可以从噪声很多的海量数据中抽取有用的信息，因此关联性计算是大数据计算的核心。

第四节　大数据运营

大数据的运用需要经过采集、过滤、分析、决策等多个专业程序，才能获得有价值的数据信息。了解大数据运营的过程，才能更好地认知大数据，运用大数据进行创新。

一、国内大数据商业运营平台

大数据的收集和平台建设、大数据的分析，需要科技设备和人才的支持，不是任何一个公司随便都能做的。

从国内来看，能够在较高级别上开展大数据营销的企业，需要同时满足三个条件：一是所从事的业务与市场营销相关，二是拥有足够多有价值的数据，三是具备大数据处理方面的技术。目前，国内能较好满足这三个条件的企业并不是很多，典型的为BAT 三家，即百度(Baidu)、阿里巴巴(Alibaba)、腾讯(Tencent)。

BAT 三家的数据特点各有侧重，百度侧重于全网信息、消费者行为和主动需求类的数据，主要依托搜索数据实现精准营销；阿里巴巴侧重于商品和交易数据，主要通过多角度挖掘大数据价值，构筑数据交易平台，整合已入股的新浪微博来获取前瞻性的价值数据；腾讯侧重于社交数据，主要是背靠大社交数据，来打通多平台营销。

很多中小企业所进行的大数据营销，多是购买与使用 BAT 所提供的大数据营销服务。比如，百度公司为客户提供"百度大数据"服务，包括"大数据客群分析"(帮助商家精准定位线上线下的客户群体)、"大数据店铺分析"(帮助商家及时把控店铺的运行情况)、"大数据推荐引擎"(帮助商家实现精准推送、个性推荐)、"大数据营销决策"(为企业提供强有力的营销方向指引和数据支持)等。

除了 BAT 所提供的大数据营销服务以外，还有很多电商平台也在纷纷推出大数据营销服务。在这些电商平台上，商家只要缴纳了相应的平台入驻费用，就可以使用这些电商平台或互联网公司所提供的大数据营销服务。

举例来说，一位顾客在百度里搜索某一款商品后，当这位顾客以后再次上网时，就会发现浏览器页面总会不时地向自己推送所需商品的有关信息，这其实便是大数据营销中"广告精准推送"的具体运用。在大数据营销中，关于广告营销方面，主要包括两种，一种是实效营销，另一种是品牌营销。顾名思义，实效营销追求的是"实际效果"，直接出发点在于促成购买行为；品牌营销追求的是树立品牌意识，打造品牌价值。一般来说，小企业比较倾向于做实效营销，大中型企业则比较倾向于做品牌营销。

二、大数据营销基本过程

更多用户是直接使用大数据给营销带来的便利性，对大数据营销具体过程还不甚了解。

首先，在数据层进行数据采集和处理。传统采集数据的过程，一般是有限地、有意识地、结构化地进行数据采集，如问卷调研等。在这种情况下，采集到的数据，一般都在我能够设想到的范畴里。但这种方式采集的数据，结构性较好，通常使用 Excel 或者类似于 MySQL1 这样的关系型数据库就可以满足数据处理过程。在互联网时代，大数据的采集过程，基本是无限地、无意识地、非结构化地采集各种纷繁复杂的行为数据，然后以行为日志的形式上传到服务器，再由服务器端的程序进行储存与处理。Hadoop 便是服务器端储存与处理大数据的软件系统工具。

其次，在业务层进行数据建模与分析。这主要是采用一些数据挖掘分析模型，如决策树、关联规则、聚类等，对数据进行分析。例如，银行、通信运营商、零售商运用消费者的属性和行为数据，通过一定数据分析模型，来识别风险和付费的可能性等。

最后，在应用层解读数据。用数据指导营销，最重要的是对数据的解读。传统的做法是，定义营销问题之后，接着采集对应的数据，然后根据确定的建模或分析框架，对数据进行分析，验证假设，从而进行解读。这种情况下，解读的空间是有限的，往往停留在提前设想的范畴内。大数据的产生，使得原本以企业为中心或者以消费者为中心的传统模式被打破。新型模式以企业和消费者两个方向共同构成了一个营销空间，它们之间的存在不再是非此即彼的关系，两者相互影响、相互促进。依据大数据，新颖的营销空间将会有更多别具一格的营销模式应运而生。

大数据营销提供了一种可能性，既可以根据营销问题，封闭性地挖掘对应数据来进行验证，也可以开放性地探索，得出一些可能与常识或经验判断完全相异的结论。所以，大数据营销对数据的解读，是非常丰富的，更接近于实际情况。

大数据营销的实现过程，一般是由类似于 BAT 这样的互联网服务平台来完成。那么，对于广大用户来说，除了需要熟悉大数据营销服务商所能够提供的服务特色，自身又要能够不断主动优化对数据的运用能力，让数据更好地为经营服务。

三、培育自己的大数据用户

大数据营销并非一些大型互联网公司的专属，广大中小企业均可以在大数据营销的浪潮中培育自己的大数据思维，积极拥抱大数据营销，敢于尝试、由小到大，实现企业的飞跃。

第一，发展100个极为忠诚的客户，了解这些客户喜欢订购什么，以及他们再次购买的频率。据营销专家估测，发展100个极为忠诚的客户能比2.5亿美元的广告推广带来更多的口碑传播。

第二，统计在一定的时间范围内，有多少销售业绩来自新客户，从而判断自己的广告投放效果，以便及时做出调整。

第三，通过与客户的互动性反馈，持续挖掘产品新的卖点。

第四，了解企业的员工，帮助员工成为最好的营销人员。

第五，倾听客户在社交网站上对你的企业的评论，收集反馈，并迅速对客户的评论做出反馈。

第五节　数据认知素养

当我们身处大数据时代，具备数据认知素养已经成为时代的需要，也是个体生存和生活的必需。如何界定个体应该具备的数据认知素养，根据中外研究界的观点，可以概括为正确理解数量解析、正确理解数据素养、正确理解3C(Curiosity、Creativity、Critical Thinking)对数据素养的作用。

一、正确理解数量解析[①]

数量解析即对数据的分析理解。对数量解析可分为四个层次，即描述性数量解析、诊断性数量解析、预测性数量解析和指导性数量解析。

数量解析的第一个层次是描述性数量解析，就是利用数量解析技术去考察业务领域已经发生的事情，并通过数据与数量解析使之再现。由于数据分析领域的技能差距很大，使用数据的人们将倾向于使用他们所能够掌握的最简单的解析方法。在大多数情况下，这种最简单的数量解析方法是描述性数量解析，如查看图表、仪表盘，因为人们很容易就能从图表或仪表盘显示出来的信息中看出发生了什么事情。用描述性数量解析人们会感到比较直观，如营销活动中发生了什么，上个季度雇用了多少员工，等等。

数量解析的第二个层次是诊断性数量解析，就是对数量关系进行思考和探究。数量解析的第一个层次描述了什么事情发生了，如果深究为什么会发生这样的事情，这

---

① 参见［美］乔丹·莫罗:《数据思维:人人必会的数据认知技能》，耿修林译，42、60、176页，广州，广东经济出版社，2022。

便引出了数量解析的第二个层次。这个层次应该成为人们花更多时间思考的地方。在数量解析的第一个层次中，如仪表盘、报表和观察结果会给出来，个人于是利用自身的数据认知素养和技能，搞清楚观察结果是因为什么导致的。例如，与上个季度相比，为何趋势线有如此的变化？通过了解数据，个人可以使用描述性数量解析来查看已经或正在发生的事情，继之进行诊断以了解其中的原因，然后可以利用这些信息做出明智的基于数据的决策。

数量解析的第三个层次是预测性数量解析，就是对数据的预测，对数据表现出来的未来或某个事情的结果做出估计。根据预测结果，我们能指出将要发生或去推测将要发生的某事。通过数据信息的精确化和客观分析，也许我们就可以让这些预测结果更频繁地发生。要想成功开展预测性数量解析，会用到什么样的技术和软件呢？这类技术和软件很多，有两种主要的语言在数据科学和预测性数量解析中非常受欢迎，这就是 Python 和 R。它们是非常流行的编码语言，可供统计学家、量化人员、数据科学家等构建模型使用。另外，具有代表性的还有 Alteryx、SAS、Apache 等。

数量解析的第四个层次是指导性数量解析，就是通过数据与数量解析告诉人们应该做什么、应该制定什么样的业务决策。这使得我们能够加速分析过程，并消除可能产生的人为错误，利用提供给我们的数据和信息资料，构建强大的数量解析功能。在这样的情形下，数据和技术本身就规定或建议了应该做什么。

二、正确理解数据认知素养内涵

数据充满了我们的生活和世界，不可能每个人都成为数据分析家，但时代要求每个人都要具备必需的数据认知素养。数据认知素养是指对数据进行阅读、用数据开展工作、对数据进行分析和用数据进行沟通的能力。数据认知素养包括四个方面的特征：阅读数据的素养、用数据开展工作的素养、分析数据的素养、数据沟通的素养。

（一）阅读数据的素养

阅读数据就是对呈现在面前的数据信息进行查看和理解。阅读数据素养就是对呈现在面前的数据信息进行查看和理解的能力。呈现在每个人面前的数据，其形式多种多样。当我们拥有数据，并希望用数据获得成功的时候，为查看和理解数据信息而进行阅读的能力，就显得十分重要。我们之前所熟悉的文字阅读即是通过对构成文字的字义、词义、句义、修辞意义等的理解，获得字面传递的信息。对于数据的阅读，也是如此。对数据的阅读，特别是对大型数据的阅读，我们需要一些科技工具、科研人员的帮助才能获得数据，但获得数据后，我们还需要做出个体化的解读和理解。这时我们用的解读方法往往就是描述性的，我们简单描述出所面对的数据的样态。但数据的样态和先前我们已经使用了很久很久的文字的样态又有着很多的不同，于是也就有了阅读数据素养的要求。我们可以把阅读数据素养概括为数据符号的识别和运用的素养，如数据基本关系表达、数据变化关系表达、数据指向表达等。

（二）用数据开展工作的素养

即具备依据数据提供的信息开展工作的基本能力，而不是盲目地自行其是。这对于今天的社会是非常重要的一种素养，因为人们生活在一个被数据结构化了的近乎透明的虚拟空间中，每个行为的发生都是对一个巨大的数据结构网络中的节点的拓展和延伸。如果不具备数据结构空间的工作理念，你的工作行为和工作规划，就将显示出巨大的盲目性和盲动性。这就要求我们从数据的搜集和分析开始做好工作计划和安排，能够考察数据和信息，能够从数据和信息中领悟出我们面临着什么样的事情。一旦我们具备了阅读数据的能力，也就具备了用数据语言说话的能力。如果我们具备了用数据语言说话的能力，就能进一步领会我们面对的是什么，进而可以就我们的发现开展交流和沟通。

（三）分析数据的素养

即具备从与我们工作相关的工作业务的数据中发现我们所需要的目标、发现我们可能面临的问题、发现我们可能具有的机遇和面临的挑战等的能力。任何结构化、半结构化或非结构化的数据本身是无用的、杂乱无章的，但数据经过分析去除随机性干扰以后，就变成了有指向的信息。数据变信息的处理过程用的工具有滤波器、关键词等，滤波以后可提炼出相关的信息。这些相关信息被归纳总结成知识。知识改变命运，但知识并不是简单地等于信息。如果不能从信息中提取相关知识，每天在手机、计算机上看再多的信息也没用。

（四）数据沟通的素养

即运用数据进行有效交流和对话的能力。这首先表现为能够读懂数据，能够运用数据进行判断和决策。沟通意味着交流，意味着双向的对话、双向的提取和交换。所以，数据沟通素养其次表现为使用数据和分享数据的能力。

阅读数据的素养是能够用数据开展工作的前提和基础，也是分析数据素养、数据沟通素养的前提和基础。分析数据素养、数据沟通素养互相融合在一起，构成了个体的数据认知素养的主体。

数据素养对于个体来说，更高级的表现应该是数据智慧。我们对于数据，实际上就是抓取决策的意图、决策的背景等相关信息，最后在临门一脚时使其帮助我们能够做出决策。信息和知识是辅助决策系统，能帮助我们作出决策，帮助我们根据数据实施决策，这就是数据智慧化的过程。

大数据的生成是数据的采集、抓取、推送的过程，也是数据的分析、处理、检索和挖掘的过程。我们在大数据中不断地过滤出有一定目的和意义的信息，然后经过分析、处理、检索和挖掘，找到目标、路径和方法。

三、正确理解 3C 对数据素养的作用

数据认知素养的 3C，分别指的是好奇心（Curiosity）、创造性（Creativity）、批判性

思维(Critical Thinking)。

好奇心是指"想去了解更多事情的冲动"。也就是说我们只有对变幻莫测的数据充满了好奇，才能探索出更多意想不到的收获和发现。一个人童年时期对外界充满了好奇和探究的冲动，当其长大后，就会变得自足和麻木，不再有那么多好奇和冲动。数据素养认知中的好奇心，是指考查数据和信息，并理解、认识数据和信息中存在什么东西，由此便会触发我们的好奇心。然后，带着这样的好奇心再去阅读数据，有可能会激发我们新的疑问，从而促使我们从数据和信息中学习到更多的东西。阅读得越多，问题也会越多；问题越多，又要进行新的阅读，如此不断循环往复。

在数据认知素养的每个特征中，创造性都起着重要的作用。对数据认知素养来说，我们应该明白它对每个人而言都不是一站式商店。在数据解析领域，需要把每个人身体内存在的创造性禀赋释放出来，同时结合企业方法调动整个企业范围内的数据认知素养的主动性。每个人都不一样，每个人都有属于自己的天赋。如果能正确地释放出这种创造性，那么意味着不仅能释放出每个人的好奇心，与此同时还能释放出他们的创造性技能。

批判性思维是指清晰的、理性的、开明的、有证据的训练有素的思考。批判性思维是极其重要的。在茫茫的信息海洋中，如何获取和使用信息，就需要运用批判性思维去识别信息。带着批判性眼光阅读数据、用数据开展工作，对做好分析可以说有百利而无一害。

▸▸ 思考与实践

1. 批判性思维的缺失，在很大程度上粉碎了个人在数据认知素养方面获得成功的能力。阅读一段带有数据的文字，谈谈你的看法。

2. 选择一个你熟悉的运用大数据的事件，对其中大数据的创新进行分析和评价。

3. 谈一谈你对大数据素养的理解。

第三章　虚拟社区创新思维

当网络时代的人们将社会交往由身边的人群迁移到网络空间之后，网络社区开始出现。与实体社区一样，网络社区的最大特征可以概括为社交与商业的双重交叉渗透。网络社区的产生发展，拓展了人们的交往空间和交往方式，影响到社会产业发展和升级换代。创新网络虚拟社区的创建和运营，是未来创业中创新思维不可或缺的一个思考维度。

本章关键词：虚拟社区；运营；价值共创

第一节　虚拟社区创建

一、虚拟社区

虚拟社区又称为网络社区或电子社区。作为社区在虚拟世界的对应物，虚拟社区为有着相同爱好、经历或专业相近、业务相关的网络用户提供了一个聚会的场所，方便他们相互交流和分享经验。

一群主要借由计算机网络彼此沟通的人，彼此有某种程度的认识，分享某种知识和信息，如同对待朋友般彼此关怀，从而形成虚拟社区。最早的关于虚拟社区的定义是由瑞格尔德（Rheingold）提出的。

虚拟社区与现实社区一样，也包含了一定的场所、一定的人群、相应的组织和一些相同的兴趣等特质。而最重要的一点是，虚拟社区与现实社区一样，提供各种交流信息的手段，如讨论、通信、聊天等，使社区居民得以互动。

虚拟社区基于社交媒体而产生。各种社会化媒体的流行与快速发展，使原本线下关系逐渐发展成为线上用户间的虚拟社会关系，并且通过社会化媒体作为媒介，形成在线社交网络(在线社会网络)。网民在电子网络空间进行频繁的社会互动形成具有文化认同的共同体及其活动场所。虚拟社区在电子网络空间诞生,相比于传统媒体,社交媒体传播速度快、成本低、信息量大、互动性强,依托互联网技术实现的便捷性、即时性、社交性、数据存储及数据处理预测技术,可以为商家吸引消费者提供有益建议,已成为企业开展营销传播活动不可或缺的渠道。

二、虚拟社区形成标志

在科技高速发展的当今社会,人们可以依托高科技的支持加入一些虚拟社区,与从未谋面的人交友。一个社区形成的三个标准要素为:

(1)社区特征,即社区成员间的持久互动、持续的活动。这是一个社区存在的最基本的形态指标。

(2)社区守则,即社区中有所有成员必须遵守的法律标准和行为实践标准,以保证社区成员间的行为能够受到约束和规范,保障一个社区的内部和谐性。

(3)成员准入条件,即必须具备相应条件才可以成为一个社区的成员。这是一个社区存在的非常重要的标准。虚拟社区并不是对人群的简单划分和集合,而是一个有组织、有纪律的团体,更加强调了社区的纪律性和规范性。

要想成为虚拟社区的一员,使用社区提供的各项功能服务,必须在线注册。基本流程是,首先注册人阅读互联网有关法规及社区服务条款,并提交同意申请;社区管理系统询问注册人的一些情况,如姓名、性别、年龄、身份证号码、职业等。注册人必须如实填写,系统能够进行验证。然后再取一个账号名并设定密码,整个注册过程就基本完成。一旦注册成功,便成为社区的合法居民。社区居民拥有唯一的账号,这个账号就是他在虚拟社区中的通行证,是社区居民相互辨别的唯一标志。在社区中"生活",居民必须遵守社区的各项规章制度和行为准则,否则将被社区管理员开除或者被封权。

三、虚拟社区分类

社区是人群的聚集体,实体社区、网络社交社区皆如此,因人们不同的需求而际会,彼此需要是其存在的根本意义。综合来看,可以把虚拟社区依据其可以满足人们需求的情况分为四类:兴趣、关系、交易和幻想,相应地也可以把虚拟社区划分为四类社区。[①]

(1)兴趣社区。兴趣社区指由一些具有相同兴趣、专业技能和爱好的人组成的虚拟

① Hagel 等提出,虚拟社区可以满足人们的四种需求:兴趣、关系、交易和幻想。因此也可以把虚拟社区划分为四类社区。见赵晶:《在线健康社区中成员价值共创行为》,46、51 页,武汉,武汉大学出版社,2014。

社区。

（2）关系社区。关系社区的成员通常希望通过加入某一虚拟社区来与他人分享自己的生活经历。这些生活经历通常是他们生活中非常重要的事件，如丧偶、离婚、罹患重大疾病等。如婚恋网站是专为谈婚论嫁的男男女女搭建的社交平台，婚恋网站的建立方便了未婚人士借助婚恋网站平台相互结识。

（3）交易社区。交易社区的成员在这类虚拟社区中进行信息的交流以促进经济交易行为的实现。

（4）幻想社区。幻想社区让人们有机会在一个虚幻的世界中进行互动。现实生活中此类虚拟社区的例子举不胜举，为人们创造了一个虚拟的情境，以供人们拥有一个非真实的身份。

四、虚拟社区生命周期与维护

虚拟社区也有生命周期。根据学术界的研究，一个虚拟社区大概会经过五个阶段：潜在期、联合期、成熟期、管理期和转型期。也有学者提出三个时期：虚拟社区的创立期、鼓励互动期、自我维持互动期。还有学者将之划分为五个时期：启动期、创建期、成长期、成熟期和消亡期。

（一）启动期和创建期

人们寻求一个团体归宿的时候，往往都是有着明确的目标和方向，一般可归纳为寻求信息、友情、娱乐等类。在网络世界还没有出现之前，人们通过人际交往获得这样的需求满足，但往往会由于交往空间的限制，局限于较为有限的范围内。互联网的普及为人们解决这类需求拓展了更为广阔的空间，虚拟社区即承载着这样的功能。人们需求的不同、参加社区的人个性的不同，都会对虚拟社区的愿景产生影响。

虚拟社区成立的初期，每一个虚拟社区都要建立自己的制度与规范。这些制度与规范可以帮助虚拟社区管理者来规范成员的行为和交流方式，保证社区互动过程中的聚焦性。虚拟社区的创建者也应该深度关注成员的需求，确保社区中各项工具的可用性、平台的可靠性和用户个人信息的安全性。

（二）成长期

当有足够的成员加入虚拟社区后，社区进入了成长期。形成社区文化和社区认同感是社区成长期的主要特征。随着社区成员间互动的增加和互动经验的积累，社区成员开始使用相近语言和词汇进行交流和沟通，沟通和参与过程中的礼仪和规范逐渐形成。成员分工和角色也在逐渐形成。有一些成员会带领其他成员开展活动，诸如讨论等，逐渐成为虚拟社区中的领导者。还有一些成员会自发地进行支持，更多的成员会提供信息以让讨论进行下去，还有一些社区成员成为只读信息不发言的沉默者。

（三）成熟期

社区进入成熟期的主要特征是：社区成员稳定在一定规模之上，社区不断有老成员的离开，新成员的加入，总体上保持在新加入成员多于离去成员的水平，新成员带来了新的想法和观点，新成员的不断加入给社区带来新的活力，社区成员和规模较为稳定，并呈现不断扩展之势。社区通过话题讨论、信息共享、知识提供等满足社区成员的需要，保持着持续的活力，社区管理者通过奖励措施，以保持成员的兴趣和提高成员间的互动性。当虚拟社区进入成熟期后，社区需要更加清晰的规范管理，如对贡献者的奖励措施，建立分群以保障兴趣相投的成员可以更加自由地讨论感兴趣的话题。有一些虚拟社区进入成熟期后会保持长期的稳定性，但是有一些虚拟社区在进入成熟期后仍然进行着变革性管理。

（四）消亡期

虚拟社区进入消亡期的主要特征是社区失去了蓬勃的活力，具体表现为：社区不再有吸引成员的向心力，不能够再推出有吸引力的话题和活动，多数社区成员对活动表现出漠然和失去兴趣，成员的积极性明显降低，新加入的成员不断减少，老成员也变得没有积极性。社区中的内容质量会慢慢地下降，社区成员的行为也不具有组织性，成员慢慢地对参加社区的讨论不再有兴趣。访问社区已经成为一种负担，而不是一种享受。社区消亡的原因可能是多方面的，但管理人员不再花心思和精力去思考如何更好地提高成员参与的兴趣和积极性，失去了前进的动力一定是最主要的原因。

纵观虚拟社区从最初建立到最后的衰亡，众多因素影响了社区的成功，如社区成员的心理因素、人际互动、成员间的社会支持、对成员贡献行为的奖励、社区成员的社区感等。

第二节　虚拟社区感营造

一、虚拟社区共有属性

网络社区空间拓展了人们传统交往的时空，是对现实社会空间的发展和投射，网络社区使现实社区中的多种不可能性变为可能，网络社区赋予每个成员充分的话语权。根据虚拟社区的功能和特征，常被概括为 5C，即社区（Community）、协调（Coordination）、商务（Commerce）、内容（Content）和沟通（Communication）。虚拟社区是现实空间社区的"投影"，虚拟社区提供的服务是根据人们现实需要而设定的，现实社区中生活方式、观念、规范影响到虚拟社区的构建。脱离现实，虚拟社区是不可能存在的，但虚拟社区又存在着鲜明的个性特征。

（一）超时空性

虚拟社区的交往具有超时空性。通过网络，人们之间的交流不受地域和时空的限制，只需要有一台计算机、一条网线，就可以实现和世界上任何地方的人（也具备相应硬件条件)畅所欲言。虚拟社区的社交花费是十分低廉的，这也是虚拟社区蓬勃发展的重要原因之一。在虚拟社区中跨国双方聊一小时所需要的费用只是打国际长途侃一小时的经济成本的千分之一。不受时间的限制，你今天发一个帖子，不一定会有人回，但几天以后可能就回了。这种便利，电话都望尘莫及。

（二）符号性

在虚拟社区中人际互动具有匿名性和彻底的符号性。在虚拟社区里，网民以 ID 符号标识自己。ID 符号依个人的爱好随意而定。例如，"硬盘"，一看就是计算机硬件爱好者；"红叶飘飘"，估计是一个有品位的人；"潜水艇"，估计是个军事爱好者……在现实中不可能有人起这种名字。同时，由于互相不能看到对方的"庐山真面目"，所以，传统的性别、年龄、相貌等在虚拟社区里可以随意更改。网上有句话：和你聊天的也许是条狗。

（三）群体流动

在虚拟社区中人际关系较为松散，社区群体流动频繁。社区的活力主要靠"人气"和点击率，吸引这些的主要是看社区的主题是否适合大众口味。如一般"二手市场""勤工助学""鹊桥版""电影""游戏"比较火爆，因为这些符合一些大学生"没钱"、希望交友和"空虚"的特点。相比之下"数据库""数学"等技术版"门可罗雀"。

（四）灌水

在虚拟社区，自由、平等、民主、自治和共享是虚拟社区的基本准则。这个特点其实和人际互动具有匿名性有关。在这里，传统的上级被"管理员"代替，只要你不违反论坛条例，你什么都可以说，俗称"灌水"。

（五）虚拟性

虚拟社区区别于以往社区的最大特点就是它的虚拟性，它是虚拟性和社会性的结合。同一虚拟社区的人们可能从未谋面，通过网络彼此交流、沟通、分享信息与知识，形成了个人社区关系网络，最终形成了共同的社区意识和社区文化。

二、虚拟社区功能

（一）聊天服务

虚拟社区为居民提供了两种实时交互的聊天服务。第一种方式是聊天广场，任何人都可以自由出入，谈话的内容也不受限制。第二种方式是聊天室，聊天室的开设者是这个房间的主人，他可以控制谈话的内容，也可以对聊天的人进行取舍。聊天时除了用文字表达以外，系统还预设了丰富的表情和动作供调用（有些还能用语音进行实时交谈），也就是大家统称的表情包。

（二）张贴讨论

这是虚拟社区最基本也是最主要的功能之一。居民可以在社区中主要以文字的形式自由地表达自己的思想，如提建议、讨论、提问、回答问题等，这些最终都以张贴文章(帖子)的形式出现。居民还可以在社区中转帖自己比较喜欢的文件、贴图、表情动作等。

(三)投票

居民在社区就某一问题发起投票或进行投票，从而对社区居民进行民意调查。同时居民在投票的过程中也张贴讨论，表明自己的观点。这种投票要比现实的投票透明、民主、公开。其结果也真实地反映了网民的偏好。

三、虚拟社区感的营造和提升

社区感是成员对社区的归属感，是相互间的归属和依恋感觉，是成员感、影响力、沉浸力的集合体。社区感的表现包括：成员的归属和认同感；社区对成员产生影响，成员对社区产生影响；社区资源满足成员需求的程度；社区成员愿意分享他们的经历以及经验的程度。[①] 虚拟社区感被认为是社区能够成功运转的重要条件，体现为成员对所在社区有情感，成员之间的关系亲密和谐。成员对社区和社区成员倾注了感情，甚至形成一种共同的信仰。

(一)社区感

虚拟社区凭借网络技术和平台，使社区成员之间的交流获得了更为便利的条件，能够使每个个体获得真实表达的空间，但是要想使虚拟社区获得更为广泛的成员参与价值，还需要根据虚拟社区的固有特性进行设计和创新。

通过对成员进行调研，会发现虚拟社区感水平越高，成员参与自发价值共创的频率也越高。成员感水平的高低反映了成员对社区的认同程度，成员感能够显著促进其参与社区管理方发起的价值共创，证实了虚拟社区感对成员的创新的积极影响作用。以某产品社区为调查对象，发现成员感和沉浸感可以提升消费者的融入程度，同时虚拟社区感还能够显著提高消费者的承诺水平，增强成员忠诚度，强化他们与社区的联结。

(二)知识分享

在虚拟社区中，知识分享是个体间获取和提供知识的过程，包括主意、建议、信息、经验等。虚拟社区知识分享一般是成员之间发帖、回帖、搜索及浏览活动的集合，包括成员与成员间的互动、成员与平台间的互动两种形式。虚拟社区成员间知识分享的过程包括对知识的供给和对知识的获取，在知识的传播过程中，虚拟社区成员可以分为分享者和接收者。

虚拟社区知识分享可以带来社区成员对社区网站的忠诚，对虚拟社区用户黏性起着关键作用。虚拟社区管理者将成员分享的知识和提出的意见整理到数据库，为其他社区

---

① 参见"虚拟社区感"，见赵晶：《在线健康社区中成员价值共创行为》，210页，武汉，武汉大学出版社，2014。

成员搜索相关信息提供资源和便利，以增强虚拟社区平台与虚拟社区成员之间的互动。

虚拟社区成员可以通过口碑、评论、在线追加评论等方式分享社区中的知识，活跃社区，创建良好的社区口碑，能够使社区的成员获得更高的社区感。

（三）评论和交流

用户参与虚拟社区的前提是在社区中拥有相同或相似的兴趣爱好，随着成员间的交流互动会在社区中产生社区意识，体现出对社区及社区成员间的认同。在线评论是活跃社区成员互动和联系、提高社区参与积极性和活跃度的重要方式。虚拟社区管理者通过引导评论和交流以提高社区成员的社区感，社区管理员通过后台对成员参与话题的信息进行分析后，为成员提供个性化服务，能够更好地引导社区的评论和交流。

（四）体验式分享

在虚拟社区中，成员之间是符号性认知关系，如果要获得其他成员的认可，必须和其他成员产生情感的共鸣，因此，成员个体式体验的分享，才是最易为其他成员所接受和共鸣的。

消费者在选择品牌和服务时更愿意参考消费者之间分享的信息经验。调查研究显示，通过虚拟社区传播品牌故事要比传统渠道更具有影响力。在虚拟社区中，消费者是品牌故事的关键作用者，并且很容易在社区中分享传播品牌体验，消费者能简单快速地分享关于品牌的故事，虚拟社区的品牌传播广度和深度与传统媒体相比都有大幅度提升。随着移动网络技术的更新和消费者需求的多样化，虚拟社区作为线上知识分享和信息交流的载体被越来越多的消费者接受。

第三节　社区运营与价值共创

价值共创强调了用户参与的重要性，用户和服务、产品之间的对话构成价值共生，形成了价值共创的基础。传统的用户沟通以社会问卷、消费者问卷的形式进行，由于人力操作所能够覆盖的范围和方式的有限性，使消费者更多处于被动的接受状态。虚拟社区打破了时空的壁垒，为价值共创搭建了广阔的发展机遇和平台，也成为未来价值创新的重要方向。

一、价值共创理论

价值共创是 21 世纪初管理大师普拉哈拉德（Prahalad）提出的，企业未来的竞争将依赖于一种新的价值创造方法——以个体为中心，由消费者与企业共同创造价值的理论。[①]

---

① 参见李朝辉：《顾客参与虚拟品牌社区价值共创研究》，北京，中国社会科学出版社，2014；赵文军：《虚拟社区成员持续知识共享行为研究》，北京，中国经济出版社，2019。

（一）价值共创的意义

传统的价值创造观点认为，价值是由企业创造，通过交换传递给大众消费者，消费者不是价值的创造者，而是价值的使用者或消费者。

随着环境的变化，消费者的角色发生了很大转变，消费者不再是消极的购买者，而已经转变为积极的参与者。消费者积极参与企业的研发、设计和生产，在消费领域贡献自己的知识技能，创造更好的消费体验，这些都说明价值不仅仅来源于生产者，而是建立在消费者参与的基础上，即来源于消费者与企业或其他相关利益者的共同创造，且价值最终是由消费者来决定的。

价值共创对企业和消费者都具有重要的意义。通过让顾客参与价值共创，帮助企业提高服务质量、降低成本、提高效率、发现市场机会、发明新产品、改进现有产品、提高品牌知名度、提升品牌价值等，企业构建了区别于其他竞争对手的竞争优势。

消费者通过参与价值共创，可以获得自己满意的产品，获得成就感、荣誉感或奖励，获得独特的体验等。消费者的这些收获又进一步对企业产生影响，如提高顾客的满意度、忠诚度、购买意愿等。消费者可以向企业提供如何改善服务的意见，如消费者通过用户在线社区、调研等信息沟通途径向企业反馈改进意见。

（二）消费者如何参与价值共创

消费领域的价值共创作为一种新的价值创造形式是由消费者主导和决定的。

1. 消费者单独创造价值

消费者单独创造价值指消费者在自己的消费过程中使用企业提供的产品或服务而创造价值，价值由消费者单独创造，企业不参与消费者的消费过程。有些消费者在自动售货机完成购买和支付的全部过程。在传统的意义上，收取货币和提供产品都是由商店的服务人员完成的，但是在此情境下，消费者独自完成了购买的全部过程。

2. 消费者与企业互动共同创造价值

消费者与企业互动创造价值是共创价值理论的主要观点，企业的目标不是为顾客创造价值，而是动员顾客从企业提供的产品或服务中创造自己的价值。消费者能够根据自己的喜好实现产品定制化，通过价值共创降低产品创新的时间或成本，并且在价值共创中获得好的体验。

3. 消费者之间的互动

消费者之间的互动是指消费者之间的服务体验与交流。消费者之间的产品服务体验交流，是消费者之间产品购买跟随行为发生的重要因素。社区中创建产品价值的方式有构建社会网络、印象管理、社群义工和品牌使用，它们直接来源于消费者的贡献，并完全发生在消费领域。一些企业向消费者开放了产品设计平台，让消费者直接参与到产品的设计中，每一款由消费者设计的产品，都印有由客户设计的字样。还有一些企业将产品广告设计平台向消费者开放，让消费者发挥想象力，设计产品广告。这种体验会影响消费者对企业的满意度和忠诚度。

二、虚拟社区如何促进价值共创[①]

(一)对话平台

对话是价值共创过程中的重要元素,虚拟社区打破时空限制,提供了天然的平等对话的空间和机制。市场可以看作是一系列消费者和企业间的对话。对话意味着互动性、深度融入、双方愿意参加互动。为了实现共同解决方案的制订和积极对话的开展,企业和消费者间必须是平等的,因为如果对话双方是不平等的话,那么对话将很难开展,对话必须围绕双方感兴趣的话题展开。网络虚拟社区基于平等建立起来的社区成员关系,为价值共创提供了一个平等、开放的对话平台。

(二)价值体验互动

虚拟社区为价值体验创造了便利、拓展的空间,价值链的产生从产品延伸到市场与服务中。虚拟社区将产品与服务融合在一起,在这个平台上,加强与消费者的交流互动,提升消费者体验价值,获取消费者通过体验形成的独特感知,可以为企业提供更多的改进意见。

虚拟品牌社区有策略地将社区成员转化为忠实的品牌成员,完成虚拟社区的价值链设置。如把品牌社区成员分成三个层次,第一个层次是与品牌有"泛关系"的潜在社区成员,也就是对品牌没有什么认识、没有接触过品牌的受众群体,这些群体通过社区内别人分享的知识打破他们的信息屏障,慢慢接受各种和品牌有关的信息。第二个层次是与品牌有"弱关系"的普通社区成员,也就是那些对品牌有所了解,并且接触过品牌的消费者。他们虽然对企业的品牌有所认识,但是并没有形成对品牌的喜爱度和忠诚度,这部分群体的转化可以通过在社区内分享品牌知识来实现。第三个层次是与品牌有"强关系"的忠诚社区成员,也就是那些接触过企业产品和品牌,和品牌互动比较多并且购买过品牌产品的消费者群体。对于这些消费群体,他们亲切地感受到了品牌的魅力,深入了解了品牌的文化价值,掌握了大量与品牌相关的知识,是知识分享的重要角色。

三、群社区解决自媒体运营之痛

自媒体实现长远发展主要面临两大痛点。一是内容输出的可持续性。任何内容创作者都有自身的瓶颈,因此如何持续、稳定地为用户提供优质内容,就成为每个自媒体人面临的重要难题。二是流量变现问题。自媒体人通过优质内容吸引、聚合了大量粉丝用户后,如何获取粉丝的经济价值,实现创收目标,这是激发内容生产者持续创

---

① 参见张洁梅、齐少静、赵永强:《虚拟社区知识分享对消费者—品牌关系的影响研究》,95~96页,北京,中国经济出版社,2021。

作高质量内容的基础。

（一）向社群媒体转变

内容输出的持续性和流量变现难题是由自媒体的特点决定的，无法依靠自媒体本身的力量解决，必须寻求新的突破方向。社群经济的快速崛起为自媒体的长远发展提供了新出路。

一方面，自媒体本身在社群化方面具有天然优势，很容易围绕优质内容构建成员活跃度和忠诚度高的社群；另一方面，将自媒体升级为社群媒体，也能有效解决内容持续生产和流量变现的痛点，实现自媒体的长远、良性发展。不同于自媒体单向的"写→看"模式，社群媒体首先通过优质内容吸引并筛选出真正的用户，然后通过粉丝用户的积累沉淀形成社群，在社群运作过程中，群内成员又通过彼此交互参与到社群内容的创作中，从而保证了社群媒体内容输出的持续性和稳定性，并借此吸引更多的用户，拓展社群规模。

（二）内容输出向 UGC 转变

在信息极度膨胀的今天，内容创作者要想长久地吸引和黏住用户，必须首先明确内容受众，即内容是为谁生产、给谁看的。自媒体是一种"写→看"的运作模式，创作者负责内容输出，粉丝用户进行单向的内容消费，两者之间缺少互动与反馈，导致自媒体对目标用户的把握并不明确；创作者多是根据主观经验、感觉或个人偏好进行内容生产，缺乏连贯性和稳定性，难以长久地黏住用户。

与此不同，社群媒体的目标用户就是社群成员，具有较高的互动性和忠诚度。因此，社群媒体不仅有明确的内容生产方向，而且还能够通过群成员的互动反馈及时对内容创作进行调整优化，甚至让成员参与内容生产，从而充分保证了内容的精准性。

自媒体发展走的是 PGC（Professional Generated Content，专业生产内容）路线，是由中心的专业创作者进行内容输出。然而，任何创作者都会遇到瓶颈，不可能永远生产出优质内容，这就决定了单纯依靠中心生产内容的自媒体无法长久维持。与此不同，社群媒体将 PGC 和 UGC（User Generated Content，用户生产内容）有机结合起来，社群成员不仅是内容的忠诚用户，还参与到内容的创作过程中，对 PGC 进行反馈和补充。这种群成员共同参与内容生产的模式，有效解决了以往自媒体内容创作的两大痛点。

（三）破解审美疲劳

关于内容消费的审美疲劳问题，研究表明，当人们参与到一件事情中时，就不太容易对该事件产生审美疲劳。社群媒体的内容生产是由群成员共同参与的，内容中融入了成员的智慧和努力，因此群成员对内容具有较强的认同感，不容易产生审美疲劳。

（四）拓展流量变现

在流量变现方面，所有社群商业变现模式都可以用于社群媒体变现，从而解决了自媒体的流量变现难题，如广告代营销、产品代营销等。

第四节　微信社区运营

新媒体时代社会资本在某些情况下即社会网络关系，个人的社会网络关系越多，则个人的社会资本存量越大。微信可以看作是社会资本，是行动者在行动中获取和使用的嵌入在社会网络中的资源，是个体层面的社会资本。

相较传统的封闭式社区，微信社区是开放的链式关系的社交平台，个体只要与某一个特定的对象保持稳定的交流，就可能将这一关系维持下来，带给个体的是交流的即时报偿（例如情绪、情感、信息等方面获得的满足）以及潜在的社会资本。从"圈式结构"到"链式结构"社交空间结构的变化，意味着个体突破了小范围的集体约束，进入一个更开放的社会网络中，个体作为节点的存在感和意义增强了。

微信是移动互联网浪潮中最闪耀的明星之一。它不仅以便捷的支付功能改变了很多人的消费习惯，而且让社交媒体走向了深度社交阶段。与其他互联网平台不同，微信朋友圈往往是线上线下一体化的，形成了一个天然的价值传播闭环。

微信强大的社交功能与支付功能让微信成为新媒体营销的一件利器。而微信营销的最主要平台就是微信公众号。微信公众号平台最基本的功能是群发推送和自动回复。公众号通过群发推送功能向用户主动推送内容或通知，自动回复功能则能让用户根据选择的关键字来获取信息。

一、微信社区运营的基本策略①

"逃离朋友圈"已经成为微信用户中的常见现象。微信朋友圈天然的强社交关系会让群里各个用户对其他人产生更深刻的认识，观念分歧会被放大。如何运用好微信社区，以下运营策略或可以给你以帮助。

（一）第一时间

对于微信公众号的运营者，能够吸引群成员的首先就是群内信息的发送，信息是提供价值共创的基础，是知识共享的表现。所以第一时间发布出重要的、能够对群成员产生影响的通知，包括第一时间发布社会突发热点事件、群成员编译获得的消息等。

（二）延续黏性

微信操作简单、功能齐全，与移动互联网浑然一体。即使是不擅长摆弄高科技的中老年人，也非常喜欢使用微信。很多人的微信群几乎就是手机通讯录的翻版。微博属于"半熟人社交"，而微信则堪称真正的"熟人社交"。这使得微信成为商家培育高忠

---

① 李东临：《新媒体运营》，93页，天津，天津科学技术出版社，2018。

诚度客户的天然利器。借助微信天然的高忠诚度的特性，在延续用户黏性上多做工作，才能建构起真挚的高忠诚度用户。

（三）精准推送

精准推送信息，对于长期运营是非常重要的一点。准确、可靠、有价值的企业信息的推送，让用户在不经意间、不是刻意地就能注意到，是商品微信推送的重要标准。但更多的微信公众号的经营者并没有做到这一点，不经过精心排版和设计的推送内容，只会引起成员的反感和忽视。

（四）扩展圈层

微信的开放性不像微博那么强，和 QQ 群一样比较封闭。微信为每个用户（包括商家用户）自动生成的二维码大大扩宽了营销、宣传、支付渠道，可以把二维码放在微博签名档上，网站宣传视频中，打印出来做招贴宣传等，通过用微信的"扫一扫"功能能获得更多的主动关注。

（五）数据分析

人们使用移动互联网的平均时间超过了传统的 PC 互联网，因此微信平台能采集到惊人的用户数据。利用微信完成深度市场调查，也是新媒体运营者的一个重要任务。运营者一方面可以对用户数据进行大数据分析，另一方面还可以选择活跃用户，与之深入交流，充分握市场需求的变化。

二、微信社区运营的误区与应对策略

微信运营是新媒体营销体系中的一大支柱，有着不同于微博运营的优点。微信营销的技法也是五花八门，但尚未形成系统的理论体系。我们的实践或多或少还存在一定的盲目性，需要经过不断地摸索来完善运营。有一些常见的误区如果能够避免，就能够在一定程度上降低失败的风险。

（一）扩展微信群时忽略了群成员质量

一个微信群里有几百个粉丝用户，听起来非常有成就感。运营者为了壮大粉丝队伍，每天在新媒体社交平台上搜索，发现兴趣相投或使用自己产品的人就将之加进群里，这是常规做法。但有的运营者在追求增加粉丝的数量时，却又操之过急，不分良莠一并收入，这往往会让微信群里的成员结构变得复杂，群里的杂音变多，话题引导变得艰难。随着群成员的不断扩大，运营者需要把控群成员的一致向性。与微信群向度高度一致，能够及时回应群主活动策划的成员，才是优质成员。

※应对策略

A. 不要增加无价值的"僵尸粉"。

B. 不要遗漏互动质量较高的活跃粉丝。

C. 平时注意维护微信群里的秩序，及时踢走惹众怒的劣质粉丝。

D. 控制好不同粉丝的对话氛围，以免大家伤了和气。

（二）不经常互动，或者以错误的方式互动

新媒体营销的一大禁忌是不与粉丝进行互动，因为这违背了新媒体与生俱来的社交属性。微信作为典型的新媒体平台，更要注意提高互动水平。

如果没有互动，粉丝就不会了解你的产品、服务和文化价值观，也就难以产生信任感。微信运营的目标是把粉丝转化为实实在在的客户，让他们愿意自发地帮助运营者推广营销信息。而没有互动就无法建立情感纽带，谁也不愿意帮你一把。不少企业使用聊天机器人与粉丝互动。此举固然能让粉丝感到新奇，但并不能取代人与人之间的交流。因为聊天机器人的智能化程度再高也无法涵盖人类的思想情感。而这恰恰是构建深度社交关系的基础。那种把一切互动工作丢给聊天机器人的想法会让运营者越来越脱离群众，迟早会让微信群失去活力。

※ 应对策略

A. 每天与粉丝保持一定频率的互动交流。

B. 互动不在于话多，而在于及时回复信息。而没有互动就无法建立情感纽带，无法产生共鸣。

C. 真诚是互动的第一要诀，不精不诚不能动人。

D. 合理使用聊天机器人，不能过分依赖。

（三）微信订阅号使用不当

微信订阅号能充分反映出运营者的思想深度与内容制作水平。很多微信用户可能不爱聊天，但非常喜欢阅读订阅号的内容。这些"沉默的大多数"实际上对营销信息的推广有很大的贡献，只是他们不说的时候你不知道而已。

目前，订阅号运营的最大问题就是发布内容的品质不高、粗制滥造。这是由于运营者四处抄袭，导致同质化信息泛滥。这使得用户不仅产生审美疲劳，而且注意力被进一步稀释，很难持续关注深度信息。由此造成的结果是粉丝增长速度慢，订阅号的传播效果非常有限。

※ 应对策略

A. 认真撰写订阅号的内容，不要照搬别人的东西，而要提供原创精品。

B. 在订阅号上要投入足够的精力、资源和信息。而没有互动就无法建立情感纽带，从而无法形成一个与读者群体一体化的品牌。

C. 订阅号与微信朋友圈进行联动，让两者形成微信账号矩阵，相互配合。

（四）过度推送营销信息

这是微信朋友圈里最尴尬的现象。大家最初建立这个群，主要是因为有共同的兴趣爱好（专门的工作群除外）。在社交媒体发达的今天，人们需要一个没有外界干扰的比较封闭的小圈子。朋友圈的建立是基于对好友的信任，其中也包括开展新媒体营销的商家。有些运营者认为，只有提高营销信息的曝光度，才能更好地把朋友圈里的好友转化为老客户。殊不知，这个观念恰恰会在运营者与好友之间制造裂痕。

运营者隔三岔五地发布营销信息，效果就跟你看视频节目时经常弹出来的小广告没什么两样。大家开始还能容忍，时间久了就渐渐失去耐心了。在朋友圈里用营销信息刷屏，并不符合新媒体营销的互动原则。与用户互动需要感情上的沟通，建立信任关系，在此基础上才能促成交易。过度推送信息会破坏互信机制，让他们对你冷血无情。

※应对策略

A. 平时多跟朋友圈里的好友联络感情，就像普通朋友一样聊天。

B. 在沟通中找出他们的需求点，然后激活他们的热情，使他们将你视为可以信赖的人。

（五）让朋友圈成员的注意力更加分散

在新媒体平台中，微信朋友圈有着自己的天然优势。首先，它的信息发布次数不受限制；其次，信息发布成本几乎为零；最后，它可以通过一键式转发来传播信息，操作简单而快捷。微信平台的这些优势使其受到运营者和用户的普遍欢迎，但同时也容易造成过度营销，让大家的注意力更加分散。

由于很多人都喜欢在微信朋友圈里分享自己感兴趣的信息，因此朋友圈里往往会出现社交性转发泛滥的现象。大家被源源不断的新信息分散了注意力，微信营销精耕细作的优势就无从充分发挥。

※应对策略

A. 明确微信朋友圈的基本原则是聚集用户注意力，尽量让他们把关注点放在你这边。

B. 谨慎地推荐别人的微信号，不要转发过滥，以免无节制地浪费你和其他人的注意力。

C. 通过激发情绪等方式来吸引大家的注意力。

D. 集中推广信息，利用主题活动来形成互动闭环。

（六）微信宣传手法单一化

把微信朋友圈当成发布小广告的公告栏是最错误的做法。微信运营者应该明白，朋友圈里最让人信服的是一个人的个人魅力。他们只要认可了你的个人魅力，就愿意接受你推送的营销信息。而单纯地发布产品广告，无法树立运营者的人格形象，个人魅力也就无从谈起了。用户自然也不会信任你，更不会把你作为满足消费需求的主要渠道。

虽然运营者在朋友圈里是以新媒体品牌而不是个人身份出现的，但是这并不意味着他们不能展现自己的个性。新媒体营销需要推广的是运营者的社交形象，而不仅仅是工作形象。单一化的宣传手法远不能满足用户的需求。因此，运营者可以把单调无趣的产品广告改编成趣味内容或趣味活动，用富有人情味的营销手段来打动对方。

※应对策略

A. 设计自己的拟人化品牌形象，按照相应的个性风格来与朋友圈里的众人互动。

B. 舍弃死板的传统广告文案，用故事营销、情感营销等方式来推广产品信息。

C. 碎片化的互动与完整的内容发布相结合。

D. 努力成为朋友圈里的社交明星，让大家都喜欢你、信赖你。

（七）盲目开发新的功能

微信的功能越来越丰富多样。不少运营者为了促进营销，不断地开发新的功能，比如微社区、微留言、微投票等。运营者看到别人新推出什么功能，自己就立马跟风开发同类功能，唯恐落后于人。然而，这恰恰是一种盲目的决策。

并不是所有的微信平台都适合应用某些新功能。微信营销的一大原则是便捷性。用户希望从你这里快速、便利地获得他们想得到的东西。如果微信运营者开发一大堆功能，那么只会让用户的注意力更加分散。就算用户刚开始时有点新鲜感，时间一长也会觉得大多数新功能都用不上，根本就是浪费，于是，辛辛苦苦开发的新功能就失去了意义。

※应对策略

A. 不要盲目跟风开发新功能，只开发用户真正用得上的新功能。

B. 坚持选择正确的营销路径，弄清用户需求和自我定位。

C. 及时收集朋友对产品使用体验的反馈意见，改进不足之处。

D. 保持微信平台的精简，去掉用户不感兴趣的新功能。

▸▸ 思考与实践

1. 请你选择一个虚拟社区，并对社区运营状况进行调研和评述。

2. 以一组案例为基础，对虚拟社区在价值共创中的作用进行综合分析。

第四章　新媒体运营与创新

新媒体极大地冲击了传统媒体，使传统媒体纷纷向新媒体转型。资讯传播依然是新媒体的主要功能，新媒体的资讯传播在适应传播技术转变的同时，也相应地滋生出新的传播形态。新媒体用户消费特征、新媒体资讯传播特点、新媒体资讯传播创新、新媒体创新编辑工具，通过对这些新媒体信息传播特性的了解，可以提高新媒体传播的创新思维能力。

本章关键词： 新媒体；消费特征；新媒体传播；新媒体创新；新媒体编辑

第一节　新媒体用户消费特征

一、新媒体

新媒体的概念是在 20 世纪 60 年代被提出的。美国《连线》杂志认为，新媒体是"所有人对所有人的传播"，联合国教科文组织把新媒体定义为"以数字技术为基础，以网络为载体进行信息传播的媒介"。我国熊澄宇教授认为，凡是跟计算机相关的都可以被视为新媒体。

狭义的新媒体是指与报纸、广播、电视等传统媒体不同的一种新的媒体形态，包括互联网媒体、移动互联网媒体、数字电视、博客、微博、微信等形态。

广义的新媒体是指在各种数字技术与互联网技术的支持下，通过计算机、手机、数字电视等一切互联网终端向用户提供信息或服务的新的媒体形态。

新媒体与传统媒体相比较，实现了信息的双向传播，实现了信息的移动传播，实现了信息传播的个性化，实现了信息传播的即时性，实现了信息传播内容的多元化。

二、新媒体用户消费特点

新媒体用户在社交媒体技术支持下，个性化、自主性是其中最为鲜明的特征。新媒体运营者必须认真研究自己的目标用户群体，摸清他们最主要的消费心理，并将新媒体消费心理概括为 11 个方面。[①]

求实心理：新媒体用户虽然活跃在虚拟的网络世界，但是依然高度重视产品和服务的实用价值。他们喜欢在新媒体平台上分享自己的产品使用经验，这也成为常见的直播节目，寻找具有实用性的原创科普文章。

求美心理：追求产品的欣赏价值和艺术美感。用户在选购产品时倾向于造型、色彩、制作工艺精美的产品，甚至会购买那些实用性不强且价格不菲的精美产品。

求新心理：追求产品的新奇和时尚。新媒体用户往往热衷于使用时髦而新潮的产品。如果产品缺乏流行元素，他们就不会有兴趣了解产品的相关信息。

求利心理：希望提高产品的性价比。大多数用户都喜欢物美价廉的东西，除非他们觉得自己比较富有。假如产品的价格超出了承受范围，用户就会觉得不够划算，从而减少消费。新媒体运营者常用的免费服务就是利用了这种心理。

求名心理：通过买名牌产品来获得荣耀感这种消费心理以"面子"为导向，买的不是实用价值、艺术价值与性价比，而是品牌知名度。这类用户喜欢炫耀性消费，往往会不惜代价地抢购一些限量特供的名牌产品，用来彰显自己的社会地位。

从众心理：害怕自己落后于大众潮流。拥有这种消费心理的用户并不清楚自己真正需要什么东西。但他们看到别人追捧某种产品时会跟风采购，也不在乎自己是否用得上这些产品。他们之所以要从众消费，是因为害怕被别人看作是落后于潮流的异类。

偏好心理：为满足个人兴趣爱好而消费。有的用户推崇个性化消费模式。无论产品是流行时尚还是复古老旧，无论是小众产品还是大众产品，只要自己喜欢就愿意掏钱。他们买东西通常具有明确的方向，而且是经常性、持续性的消费，非常认品牌。

自尊心理：通过消费来满足个人的自尊心。用户做购买决定时不光看产品的情况，销售员的服务态度也是一个重要的参考因素。假如销售员服务热情周到，哪怕产品的性价比不是特别理想，用户也可能抱着奖励用心服务的销售员的心态做出购买决定。自己的尊严受到了伤害，产品再好再划算也不会买，回头还要给商家打个差评。

疑虑心理：担心被电商或媒体欺骗。所有的用户都不希望自己买错东西，所以，很多人在购物的过程中会对产品的质量、性能、造型等方面反复挑剔。这不光是为了砍价，主要是因为用户怕吃亏上当。

---

① 李东临：《新媒体运营》，36～39、28～30 页，天津，天津科学技术出版社，2018。

安全心理：担心产品存在安全隐患。用户肯定不想买一个存在安全隐患的产品。为了确保自己买的不是危险品，用户会再三确认产品使用是否安全，尤其是从网上采购的产品。

隐秘心理：不想让别人知道自己买了什么。有的用户不希望别人知道自己买了什么东西。因此，他们会挑选人少的时候迅速采购早已确定的目标产品，不会公开参与促销活动，但会私底下跟商家联系。

第二节　新媒体资讯传播特点

随着新媒体技术的不断发展，信息传播格局从宏观角度进入了接力传播的时代，如果说以前的新闻传播是 400 米跑，从起点到终点都是由媒体组织一家完成，现在变成了 4×100 米接力跑，新闻传播的路径转变为融媒体的接力棒。

一、传统媒体式微

融媒体到来之前，单一介质是媒体的主要特征，电视台以声画传播为主，报社以文字传播为主，电台以声音传播为主。融媒体时代的到来，首先是彻底打破了之前传媒介质的割裂状态，各种传媒介质借助新媒体的力量整合在一起，重塑了媒体新形态，至此任何一家传媒机构都必须进行多介质运作，以生产视频、音频、文字、图画等多媒介融合的新闻产品。传统的新闻生产是"二位一体"的，即媒体集内容生产和渠道分发于一体，在一个组织内部完成信息的生产与分发。新媒体技术的全面兴起，信息生产和分发方式也从组织化转化为社会大分工，新闻产品的复次、多介质、全方位传播成为常态。

社交媒体爆料→网络意见领袖转发热点化→新闻媒体跟进报道→新闻资讯 App 转发→社会大众、不同平台"接力"，最终到达社会民众，这样的传播路径成为今天许多热点新闻的典型特征。传统媒体在信息传播链条中的角色和功能不断"后置化"和"单向化"，由原来的信息第一落点到只承担一个环节。传播变得比以往任何时候都更加多元化，传播方式颠覆了对传播社会角色的理解。自媒体时代的新闻生产必然是更高级别的集约化生产，即社会分工细化，不同主体各司其职，完成信息生产的每个环节。理解和顺应新媒体新闻传播的新业态，才能更好地在新媒体新闻行业和领域做出自己的选择和创新。

这种趋势使得传统媒体的未来只有两种选择：或是借新技术、新媒体之力，迅速加入融媒体大潮中，通过新闻生产的流程再造实现重生；或是固守先前平台，走小众化路线，不在乎版图缩小，通过小而美的定制化、精致化实现自己的继续存活。

二、信息传播特征形成

（一）人际关系网取代媒体成为人们获知信息的第一渠道

随着网络社群的崛起，人们越来越依靠人际关系网来获取信息，"关系"本身成为一种媒介。以微信群、朋友圈为代表的人际关系网成为民众获取信息的第一大渠道，一定程度上说明"一对多"的粗放型信息分发模式（大众传播）逐渐式微，以人际传播、群体传播为代表的社群传播崛起。"无社交，不新闻"，成为新闻生产行业的铁律。

（二）信息消费从追求客观真实到情感沟通与共鸣

人们对新闻消费也经历了三个阶段：第一阶段是量的传播，在信息渠道相对匮乏时期，无论生产出来什么样的信息都有人阅读和观看，这一时期渠道为王，如20世纪80年代的读者可以将党报从报头读到报尾。第二阶段是质的传播，在信息渠道丰足的阶段，民众获取信息的成本在下降，民众选择内容质量高的信息来阅读，这一阶段内容为王，如20世纪90年代的晚报和都市报的"风行"。第三阶段是感性或情感的传播，民众追求的不是信息的渠道多权威、内容多优质，而是关注是否与我有关、是否能满足我的情感需求。民众关注的不再是媒体设置的"宏大叙事"，而是与自己日常生活密切相关的"小确幸"（微小而确实的幸福），尤其是"95后"的群体，追求的是感性的信息刺激而不愿意阅读那些深度理性的长信息。

在感性的满足阶段，新闻的界限越来越模糊，微信公众号的大量"10万＋"的文章都不是按照新闻专业主义的客观中立规则生产出来的，很多文章杂以表情包、戏谑调侃和耸人听闻的标题。价值判断明确、社会情绪鲜明，和传统意义上媒体必须秉承客观公正之要求已相去甚远。新生代网民不再关注这个信息是否是新闻、是否符合新闻专业主义，只要刺激好玩或能打动他们，并满足他们信息的需求就是好内容。新闻与非新闻的界限越来越模糊，新闻专业主义的操作手法越来越成为传统媒体孤芳自赏的古董，因此未来的传播要从"新闻产品"的窠臼中跳出，上升到大内容生产的角度，主动打破樊篱，从用户的情感需求结构和情绪依赖入手，以满足用户的情感需求和价值共鸣为大内容生产的标尺。

（三）信息传播呈现高时效、碎片化、互动性阅读与交流

随着新媒体时代的来临，有思想、有个性、有传播能力的个体对信息进行个性化的重新定义，非官方媒体的信息源大量传播，形成了消费者的高时效、碎片化、互动性、深入性、短暂性的阅读与交流。有传播能力的非媒体发布人、新闻信息媒体人和受众的界线划分正在淡化并消失。媒体从业者在不断发展和创新中，对过去的媒体经营理念进行修正和重造，并努力提出更能适应新媒体的方针和理念。

三、新媒体信息内容生产主体

传统媒体时代，信息内容的生产与分发都是由传媒组织一家来完成，是两位一体

的社会角色的扮演和功能设定，但随着移动互联网时代来临，信息生产主体越来越多元，社会分工更加细化，自媒体时代的新闻生产主体主要有以下四类：UGC、PGC、OGC 和 MGC。

(1)网民主体，即用户生产内容(User Generated Content，UGC)，生产主体主要是网民，理论上讲有多少个网民就有多少个自媒体，他们在微信、微博和直播等平台，通过阅读、点赞、转发、评论等行为时时刻刻在生产着信息内容。

(2)专业化组织，即专业生产内容(Professionally Generated Content，PGC)，如以谣言粉碎机、果壳网等为代表的科普类组织，这些组织生产的信息内容具有相对较高的门槛和专业性。

(3)媒体组织，即职业生产内容(Occupationally Generated Content，OGC)，基于职业行为进行信息生产。

(4)机器算法，即机器生产内容(Machine Generated Content，MGC)，由机器智能进行信息生产。

这四者均是当前传播格局中主要的信息生产主体。从结构上讲，传统媒体组织让位于网民，不再扮演信息的第一落点，而更多的是对新闻事实的澄清、修补与再诠释。专业化组织贡献的信息相对比例不高，但随着知识生产的细化，未来会有一个井喷的时期。由于目前算法的局限，机器计算还是以体育、金融和灾难性等领域的新闻报道为主，未来随着机器算法的精进，会成为信息生产的主流方式之一。

四、全方位竞争

新闻内容来源多元化，民间话语力量、民间话题设置加入信息传播的大潮中，新技术使人人皆可成为信息的生产者、传播者，受众还能多路径地反馈信息，评价并影响媒体机构的新闻生产。

融媒体时代的竞争将是多个层面的，体现在产品创新、渠道开拓、用户管理、形象管理多个方面。

产品创新有两个着眼点，新闻产品必须包含"多种意媒"元素，即文字、图片、音频、视频……新闻产品还包含两个来源，即传统信源与民间信源。

渠道开拓是指新闻产品的投放将在多个渠道展开，不局限于先前的单介质，一条新闻稿件除了"跨介质"(广播、电视、纸媒、网络、手机)传播外，还将"跨平台"传播(有线平台、卫星平台、无线平台)。

用户管理是传统媒体在融媒体时代实现华丽转身的核心所在，"以用户理念取代先前的受众理念，变受众为用户"是融媒体时代获得并扩大目标人群的关键。核心在于运营人，人是融媒体时代新闻生产及媒体运营的起始点也是终极目标。

传播机构"多介质"的特点使得形象管理变得非常重要，媒介形象是一种独特的社会资本，是一种重要的生产力，输出什么样的形象碎片、制造什么样的形象话题、建构何种形象目标，都是媒介竞争中不得不考虑的问题。

五、新闻生产流程再塑

新闻生产的流程再塑是指媒体机构以一种首尾相接、完整的整合性过程改变过去被不同介质割裂、不同部门管理造成的支离破碎的局面。

新闻生产的流程再造要解决以下几方面的问题。

首先，内容的生产将是多媒体化的，收集过程将是多媒介汇流的。

其次，收集而来的新闻内容，需要经过一个"评估中心"，对新闻素材做出一流的价值判断及去向判断。

再次，要解决新闻分发问题，手机、广播、纸媒、电视、网络等多渠道建制，使得同一内容不同形式的新闻产品能沿着各自既定的渠道运行，从而保证了一件新闻产品的复次、多介质、全方位传播。

最后，要解决新闻产品抵达用户后的反馈以及来自用户的信息（用户贡献内容）如何上浮的问题，比如说建立 call-center 中心。

第三节　新媒体资讯叙事创新

传统媒体业的内容话语权被进一步消解，内容生产和话语方式的迅速转型，以及移动叙事、场景叙事、众筹新闻、众包新闻等，不断刷新着新闻传播的业态环境，成为推动创新的强劲动力。[①]

一、移动化叙事

移动时代，信息获取呈现碎片化。用户更多从个性化的需求出发，阅读具有良好体验的资讯内容。无论是传统媒体巨头，还是新兴媒体网站，都在探索如何从移动端读者的角度出发去呈现新闻故事，适配移动场景阅读，实现叙事的移动化。叙事的移动化，即要求叙事的方式适合移动化阅读，如在乘车时、等待时间、工作休息的间隙等零碎的时间浏览新闻。这一阅读需求显然要求新闻呈现要直观化、简洁明了。

为了适应用户的移动化阅读，使他们在碎片化的时间里能够迅速获得较为完整的信息，在新闻的标题、关键词、正文设计方面，可以作如下尝试。

（一）标题设计

为了提高内容对用户的吸引力，运营方需要注重文章标题的设置。在标题的设计上，原则上要做到以下几点。

---

① 陈政峰：《新媒体运营实战指南》，234～238 页，北京，人民邮电出版社，2019。

(1)移动端新闻标题不应超过 55 个字符，否则就会显得冗长，为读者增加阅读障碍。(2)标题要能够对全文观点进行归纳，保证标题与内容的一致性。(3)在标题中要嵌入新闻事件的关键词，关键词的设计注重与用户的兴趣对应，让用户在看到标题后有进一步了解文章具体内容的欲望。(4)标题的关键词要尽量能够与当下热点问题、现象、话题等相呼应。(5)关键词可以设计为在标题中出现 1～2 次，在正文中出现 2～8 次，尽量平均分布。(6)为了激发用户的兴趣，可使用对话方式设置标题，以问句开头，如用"你需要知道哪些"来激发用户的求知欲，吸引用户关注。(7)标题要精练、有冲击力，避免出现太多的标点符号。

(二)正文设计

很多用户习惯在阅读过程中将精彩内容分享到朋友圈或主题群里，或者分享给指定好友，通过文章内容表达自己的价值观或对生活的追求。而要促使用户进行内容分享，就要保证内容的布局编排符合用户的思考逻辑。

(1)设置导语。这是移动端新闻写作中最难的部分，它需要通过短小精悍的一句话让读者在接触到文字的一瞬间能够迅速抓住文章的主体事件和主要观点。(2)问-答式结构。问-答式结构在移动端新闻中有很好的阅读效果，在更小的屏幕上去呈现新闻故事并不是说要把故事精简得很短，而在于在有限的移动显示屏和内容之间找到平衡，符合读者的阅读方式，把新闻内容分解成若干问题，让问题引导读者去阅读，小块地消解信息，也许是读者所喜欢的。问-答式结构，通过"问"的方式提出问题，引导读者不断地接近新闻事件的本质和作者对于新闻事件的观点。再通过"答"的方式，把事件和观点铺展开来。这样，观点呈现与解读方式符合用户的思考习惯，使用户不仅能够清晰把握文章表达的观点，还能通过阅读进一步佐证、补充自己先前形成的看法，并且还可能在阅读过程中产生新的思路。(3)"卡片"式内容结构，即将内容分成适合手机阅读的若干"小卡片"，每个"小卡片"包含一个相对独立的情节，每个"小卡片"由文字、图片或视频、总结性语句构成；一条新闻中包含若干"小卡片"，最后要制作一个具有讨论和总结作用的"小卡片"结束整个新闻的叙写。

(三)编排建议

对于公众号新闻内容的编排布局，运营方可以考虑以下几点要求。

(1) 符合特定人群的思维习惯，清晰阐述作者的观点。

(2) 寻找用户青睐的观点并加以呈现，迎合用户的偏好。

(3) 采用不同于常人的思考方式，发现真知灼见并进行突出表现。内容的布局方式能够作用于用户的思维层面。

(4) 正文字数应该达到 500 字以上，但要避免长篇大论；大部分平台要求原创文章达到 80% 的原创度。

(5) 注意内容排版要整洁，注意文字大小及间距，且在内容中添加不少于 3 张的图片，以改善用户阅读体验。

（6）适当使用图表，图表简单易懂，可以提高文章的可信度，并通过他人的引用提高曝光量。

（7）把握发布时间。研究证明，新媒体平台内容的最佳发布时间是中午 12：00 至下午 1：30 的午休时间，以及晚上 7：00 到 11：30，人们习惯在这段时间用手机浏览新闻资讯。

二、场景化叙事

移动新闻是在一个截然不同的框架下所进行的新闻操作。移动时代，信息获取呈现碎片化，用户更多从个性化的需求出发，阅读具有良好体验的资讯内容。场景化叙事，是指创设事件存在和发生的空间感，能够触发用户的沉浸式体验，产生情感满足和共鸣，从而提升用户对内容的理解，激发更强烈的阅读和分享渴望。媒介让内容与用户产生深度的连接，进而构建一个媒介生态。"场景"可能是现实场景、虚拟场景，通过适配场景，增强用户的沉浸式体验是其创设的核心。

传统新闻报道更多被局限在"二维"界面（如一张报纸或者一面屏幕），而移动设备则提供了第三个维度，即基于技术手段的物理交互方式。触控界面、增强图层、动作感应技术、虚拟现实等，为新闻产品的用户提供全新交互、场景体验，实现从"讲述展示"过渡到"感受展示"。新闻行业将成为虚拟现实技术开拓的第一个领域，人们会像玩游戏一样习惯这样的新闻模式。新闻业界不断探索基于虚拟现实技术的新闻报道。用户置身新闻现场，实现从看新闻到"沉浸"于新闻的转变。例如，北京 2015 年 9 月 3 日大阅兵前夕，腾讯新闻上线 H5 产品"阅兵手册"，在 H5 中集成了时间轴、3D 视频、3D 信息图等多种元素，为用户带来与众不同的交互体验，使其在交互中全方位了解了阅兵信息。又如，腾讯新闻在纪念抗战胜利 70 周年推出的系列专题报道，全方位覆盖专题、移动端产品、直播、游戏、在线史料库，并开发电子书、公仔等周边产品，让全网用户都成为"抗战"超级 IP 的"媒介消费者"；策划又纷纷起用明星，利用明星粉丝效应，带动报道的社交分享。

三、众包模式

把一个人或一个团队解决不了的问题，以公开招标的方式传播给未知的解决方案的提供者群体，这就是"众包"。自 2005 年提出至今，"众包"一词已经在各行各业落地生根，衍生出一系列服务，如众包代码、众包物流、众包教育等。

（一）众包新闻

"众包新闻"是新闻机构借助网络技术，组织化地从用户那里获取报道灵感、素材以及资金等帮助的一种新闻生产模式，它是新闻机构和用户之间的一种通力合作方式。新闻机构通过网络平台邀请用户为新闻报道贡献内容，用户可以根据自身的特性，承担包括消息源、文字记者、摄影师、评论员等多种角色。在众包新闻生产过程中，用户的参与形式是多种多样的，包括提供线索、分享观点、撰写报道等。"众包新闻"可以分为"众包内容"和"众筹新闻"两个基本类型。"众包新闻"与"参与式新闻""公民新闻"一样，都是公众参与新闻业的一种方式，众包新闻重视和利用的是"群策群力"，具有鲜明的基于网络、公开、广泛的特征。

（二）众包新闻的生产环节

众包新闻的生产机制分为四个环节：选择众包事件，邀请公众参与；设置众包平台；分配众包任务；审核、整理众包信息，完成新闻报道。相比较公民新闻，众包新闻还具有一些独特的优势。

第一，编辑部可以主动进行议程设置。相对于公民新闻的随意性和偶发性，众包新闻从一开始就是媒体的有意而为之。基于现有需要解决的问题，发布"命题作文"，有的放矢，往往能收到较为理想的反馈结果。

第二，编辑部依然拥有"把关人"权限。公民新闻由于缺乏有效的审查机制，往往不能完全杜绝假新闻的存在，而众包新闻在流程上存在群众审查机制和"发布人主权"机制，众包志愿者在推出最佳方案时势必会审查所有方案，而发布人由于对方案拥有主权，也会核实措施再进行发布，确保自己的利益。在调查性报道中，内容的真实、细节的准确、态度的公正都会存在隐患，这给众包新闻最终的把关者提出了非常高的要求。

（三）众包新闻的优势

众包新闻的优势在于降低新闻制作成本。由于众包新闻采取了和公众合作的新闻开发模式，公众作为社会事件最初的当事人，比专业新闻人更多地接触到第一手资料。他们聚少成多，多人合力完成一项任务的时间与精力也会远远超过专业媒体，也因此大大降低了新闻的制作成本。

例如，中国地方报纸近年来出现海外版迭出的现象。满世界找特约记者对地方报来讲并不现实，而与海外华文媒体合作办报的媒体则日益增加，这也得益于众包新闻模式的普及。在这种新型的新闻信息采集模式中，专业的新闻工作者会采集公众发布的信息，从中发现新闻价值，甄别并编辑后对信息进行再次传播。

我国目前的众包新闻实践不仅起步早，发展至今也有了非常丰富多元的形式（表4-1）。近年来网络用户生成内容不断对报纸媒体产生巨大冲击，于是自2006年起，报纸媒体开始开设专门的栏目和版面来报道用户生成内容。报纸媒体开设的常规项目——"报网互动"栏目，即是我国报纸媒体为应对用户生成内容带来的巨大挑战所作出的回应，曾繁旭等学者把这一现象称为"报网互动"。"报网互动"栏目的出现，意味着我国报纸开始常规性地实践众包内容的新闻生产方式。众包新闻中用户的属性特征、众包新闻中用户与新闻工作者的互动关系，以及众包新闻对公共信息的意义和影响，这些围绕众包新闻而产生的重要问题都是值得人们思考的。

表 4-1 我国众包新闻

形式	媒体	举例
众筹新闻	报纸媒体	《南方都市报》(2015)："珠海读本"
"报网互动"栏目	报纸媒体	《广州日报》(2010)："网事"
UGC栏目	通讯社	新华社客户端(2014)："我在现场"
	网络新闻媒体	澎湃(2014)："问吧"
自媒体(面向普通用户众包)	互联网公司	网易(2013)：UGC精选
自媒体(面向专业用户众包)	网络新媒体	新华网(2014)："思客"精选
	互联网公司	虎嗅网(2012)、钛媒体(2012)

(四)媒体实践众包新闻的三大原则

通过众包，公众逐渐成为媒体无限延伸的触角，做好众包新闻，还需从简洁性、忠诚度和可靠性这几方面下功夫，让公众心甘情愿地参与到众包项目中来。

简化参与：公众不喜欢看起来费劲的任务。根据经验，如果一项任务简单清晰，那么人们就更愿意参与。如果让他们觉得这是一项永远做不完的任务，他们不可能完成，那么公众参与的热情就会大大降低。如果项目过于漫无边际或模糊不清，就不太可能吸引人参加。简洁性是众包新闻选题的第一原则。

发展粉丝：众包新闻应长线操作。项目完成后，媒体要把参与过项目的群众当成一个团体，与团体保持联系，与媒体有过"交情"的参与者往往忠诚度较高，更愿意参加今后的项目。

保证可靠：众包浪潮中编辑室应坚守"最后防线"。众包新闻的出现，在一定程度上也意味着专业媒体人与普通公民之间的界限开始模糊，众包一定要避免由群众取代记者、编辑的误区。媒体的不可替代性就在于其内容的权威、真实、可靠。在信息嘈杂的互联网环境中，专业媒体人与普通群众的区别就在于，专业媒体人有促进讨论、从海量信息中筛选出精华的使命。众包时代，媒体的命运或许就取决于它是否能成为公众信赖的、在获取资讯和观点时第一时间求助的对象。

下面，我们来看一组今日头条邀请参与讨论的话题，比较这一组话题和它们的参与情况，思考能引起公众参与的话题特征是什么(表 4-2)。

表 4-2 今日头条邀请参与讨论的一组话题

讨论话题	参与情况
人到老年什么才是最大的幸福呢	801万阅读，5973讨论
一道美丽的风景线，新加坡风光	105阅读，1讨论
能不能用一张夜景照，让人一眼就认出你的家乡	1914万阅读，600讨论
家乡好美照片分享，你的家乡风景如何	619万阅读，1987讨论

四、众筹模式

众筹新闻是通过向用户募集资金来完成新闻报道的一种众包的新闻形式。它的具体做法是：新闻记者通过网络平台提出一系列新闻报道选题，在设定期限里，如果某一选题获得预期的资金，那么提出该选题的记者就可以用这笔钱来进行报道。在众筹新闻中，用户扮演的角色相对单一，他们主要发挥"主编"的审核作用，决定新闻选题的生死。众筹新闻是在社会化网络时代对于传统新闻生产和消费的一种突破与创新。它主要针对并解决的是调查报道制作过程中资金不足的问题，是利用集体的智慧和资金做新闻的一种新方式。一般情况下，众筹新闻是通过众筹网站和社交媒体来完成资金筹集并按期实施的。

（一）众筹新闻的特点

（1）开放性。众筹新闻的最大特点在于其开放性。众筹模式是依托互联网进行的，使得众筹新闻也具有高度的开放性。开放性不仅仅指对项目发起人的开放，还有对出资人的开放。原则上，任何网民都可以成为众筹新闻项目的发起人和项目的出资人。

（2）回报性。与传统新闻中记者发出报道后获得稿费不同的是，众筹新闻根据众筹的契约精神，所有对众筹新闻做出资助的出资人都拥有获得回报的权利。可以是精神性的回报也可以是物质性的回报，来表达项目发起人对出资人的谢意。在出资人资助众筹新闻项目之前，可以看到自己能获得何种回报。一些有创意的回报也是吸引出资人的关键。

（3）受众买单。众筹新闻与传统新闻生产方式的最大不同就在于，众筹新闻生产所需要的经费不再是专业的新闻媒体等机构提供，而是由对项目感兴趣的受众买单。互联网所拥有的庞大网民群体，可以让众多的出资人在短时间内迅速地积攒起项目所需资金。

（4）受众高参与。在传统的新闻生产方式下，新闻选题的选择是由记者和编辑们来确定的。确定新闻选题后，记者开始进行新闻采写。受众要想参与到新闻传播的过程中，也必须等新闻报道发表以后，有机会对新闻报道进行评论、转发。可以说传统新闻生产方式中受众的参与方式是后参与，对新闻报道的参与程度不高。众筹新闻则可以让受众全程参与整个报道。

（5）受众享有新闻选题决策权。在新闻选题阶段，众筹新闻项目并不是被投放在平台上就可以执行了，该项目到底是否能执行还要看受众的反应，也就是说，在众筹新闻中受众享有新闻选题的决策权。在众筹新闻项目执行过程中，项目发起人还需要将采访进度、文稿的写作情况以及采访中遇到的问题等及时在平台上更新，接受出资人的监督。同时出资人也可以通过评论板块或者主动联系项目发起人的方式来提出意见和建议，与项目发起人共同解决项目执行过程中遇到的问题。在项目实施完毕后，项目发起人要在第一时间向出资人发布报道成果，出资人也可以对报道进行评论、转发，成为新闻的传播者。

（6）选题多为独家。在传统新闻生产方式中，各大媒体为追求新闻卖点、追求新闻的时效性，主要对新近发生的新闻事件进行大肆的报道，而在时效性的压力下，各大媒体互相转载已经成为业内通用的做法。媒体之间的相互转载导致的就是新闻内容的大同小异，新闻同质化严重，不仅浪费了宝贵的新闻版面等资源，也过度消耗了网民的注意力。众筹新闻模式则借助众筹售卖创意的特点，使得众筹新闻摆脱了传统新闻生产中新闻同质化严重的窘境。众筹新闻项目发起人对某一领域有着比较深刻的了解与认识，关注的大多比较小众化，因此其提供的新闻选题是独家的可能性比较大。由于众筹模式具有售卖创意的特点，在项目发布前期，为了赢得更多出资人的支持，项目发起人多会对自己所要发起的项目进行保密，这也是众筹新闻选题多为独家的重要原因。

（二）众筹新闻的运作流程

众筹新闻的运作流程大致可以分为四步。

第一步，向平台申请众筹新闻项目。众筹新闻项目要想上线，首先要通过众筹平台的审核。至于选择综合类众筹平台还是垂直类众筹平台，则可以由项目发起人根据自己的新闻选题或者众筹平台的自身特点等因素来决定。确定了所要投放的众筹平台之后，项目发起人就可以根据平台要求，将自己所想要完成的项目进行申请（向平台提交个人信息、项目信息、发起该项目的原因、达到什么样的预期效果以及平台推广该项目所需要的文字、视频等资料）。一些众筹平台为谨慎起见，还会对项目发起人的背景及项目的可行性进行复审。只有通过众筹平台的各方审核后，众筹平台才会将该项目投放到众筹网站上，也才有机会进入程序。

第二步，筹集资金。当众筹新闻项目通过平台的审核并投放到众筹网站上以后，会对筹资期限做出规定，大多为一到两个月。而项目发起人则需要在平台规定的有限时间里，尽最大努力来吸引投资，只有在预定的时间内成功筹集到目标金额，该新闻项目才可以继续进行下去。为了争取到更多的受众，项目发起人通常需要通过各种形式向受众展现自己的创意和想法。

第三步，项目筹资成功后，众筹新闻项目正式步入实施阶段。如果在设定好的期限内，项目发起人可以筹集到目标金额，意味着该众筹新闻项目可以步入真正实施阶段。在成功筹集到目标金额以后，众筹平台一般会收取一定比例的中间费用，作为众筹平台的运营费用。扣除平台中间费用后剩下的资金就是众筹新闻项目的运作资金，用来执行项目，完成项目的实施。

第四步，项目执行完毕后，给予出资人精神或者物质回报。在众筹新闻项目执行完毕后，项目发起人一般会遵守承诺，适当地给予出资人一些回报，用来表示对出资人的感谢。

（三）众筹新闻的意义

传统媒体的新闻生产往往受错综复杂的权力制衡，相比之下，众筹新闻的生产流程则要简单、纯粹得多。中国传媒大学新闻学院教授曾庆香在《众筹新闻：变革新闻生产的权力结构》一文中指出，众筹新闻是对政治权力、经济权力，以及传媒组织内权力等多重掌控的突破。

众筹新闻选题审核是一种以受众智慧取代传统新闻中由组织力量主导新闻审查的新模式，这种审核模式能杜绝人情或公务公关，也能排除政府为政绩而实行集体掩盖。传统新闻机构生产中，传媒组织内部的层级布局和权力大小往往决定了一则新闻的命运与走向，而众筹新闻则受到这些束缚的影响相对较小，一定程度上能够使记者更多聚焦于报道和内容本身，成为新闻发展的一种新的探索形式。

第四节　新媒体资讯编辑工具

新媒体的制作呈现出讯息刷新迅疾、版面元素融媒体化的显著特点，快速、新颖、多元媒体元素综合运用，是运营好新媒体的必然思路。"工欲善其事，必先利其器"，在新媒体运营中，可以通过运用相关的编辑工具，提高编辑效率。新媒体运营的工具包括寻找热点、构思选题、编辑图文内容、制作音频视频等几类。

一、热点搜索工具

选题是挡在每一位新媒体运营者面前的大山。根据艾媒咨询的调查数据显示，46.1％的自媒体人为怎样保证持续产出高质量内容而焦虑，24.9％的自媒体人则为怎样收获更多粉丝而发愁。两者的压力都与选题息息相关。定期构思一个能引起粉丝踊跃讨论的选题，并不是轻而易举的事情，可以通过搜索引擎、微博媒体平台、微信公众平台、新闻客户端、大数据舆情分析平台等途径来寻找热点信息或潜在热点。

互联网上的优质信息传播渠道很多，新媒体运营者应该多关注各行各业的专业网站以及自己觉得有意思的微博、自媒体和微信公众号。根据热点消息来激发灵感，想出新的选题。

（一）搜索引擎

百度搜索：绝大多数人每天都在使用的搜索引擎。

搜狗搜索：搜狗搜索与微信、知乎等平台展开合作，分享两个平台的资源。

谷歌搜索：海外的朋友可以选择功能强大的谷歌搜索，尤其是学术和地图资料。

中搜：通过两大 Web 站点、移动 App、云服务平台等载体提供搜索服务。

新浪微博：国内最大的微博平台，进驻了无数传统媒体、自媒体。

@头条文章：微博头条文章官方微博，每天分享微博平台上的人气文章。

@中国侨网：华声报社主办的面向全球华侨华人提供综合性信息服务的专业网站。

@微博视频：微博视频官方微博，每天都向大众分享热门视频。

（二）新闻客户端

@新华社：新华社的新闻客户端。

@环球时报：《环球时报》的新闻客户端。

@人民日报：《人民日报》的新闻客户端。

@南方周末：《南方周末》的新闻客户端。

（三）微信公众平台

西瓜公众号：每日更新超过百万篇微信公众号文章，助您快速查找或创作优质内容。

爱妮微：收录有明星、财经、科技、搞笑、旅游、健康等微信公众平台账号，公众号第三方服务商。

公众号微盟：拥有微网站、微场景、微商城等功能模板。

（四）知识分享平台

知乎：一个真实的网络问答社区，帮助你寻找答案，分享知识。

果壳网：一个泛科技主题网站，提供负责任、有志趣、贴近生活的内容。

@36氪：国内具有影响力的互联网创投媒体，提供新锐、深度的商业报道。

（五）大数据舆情分析平台

清博指数："两微一端"新媒体数据平台，目前国内最大的第三方新媒体数据搜索引擎。

二、微信编辑器

微信公众平台是发布原创图文的主要新媒体渠道，利用内容编辑器能把图文素材排版成公众号文章。新媒体运营者通常会用到以下几款微信内容编辑器。

135微信编辑器：由135编辑器官网打造的内容编辑器软件，编辑功能强大，模板精美，操作简单便捷，可以在手机上完成操作，因此，135微信编辑器成了业内最受欢迎的编辑器工具之一。

小蚂蚁微信编辑器：这款微信内容编辑器主要在电脑上操作，用户可以轻松完成图文背景、内容标题、内容样式、内容分割、阅读原文等操作，提高公众号文章的美观度。

96微信编辑器：是一款很受欢迎的微信公众平台文章编辑工具，里面设有吸粉素材、免费吸粉、公众号活粉、GIF动图、10秒作图、公众号变现、设计神器、小程序开发等功能。

易点微信编辑器：是山西派唯网络科技有限公司旗下的产品，操作简易，能便捷地修改文章布局、线条、字体，功能比较齐全。

秀米微信编辑器：提供了多种模板，编辑、排版功能操作简便，受到不少微信运营者欢迎。

三、图文设计工具

新媒体运营者常用的图文设计工具包括截图工具、美图秀秀和 Photoshop 等。我们可以根据个人喜好选择以下截图工具。

Windows 自带的截图工具：Windows 自带截图工具主要是 PrintScreen 键，它能用来截取当前计算机屏幕。截完之后用粘贴方式就能放入 Word 文档或 PS 软件等文案工具中。

360 软件小助手：单击 360 软件小助手图标，在弹出页面的最下排"我的电脑"右边的就是截图功能键。单击"截图"就会进入截图界面，通过手动截图或智能选图完成操作。

QQ 截图：QQ 用户最熟悉的一种截图方式，同时按住 Ctrl＋Alt＋A 就会弹出截图编辑页面，然后选择要截取的区域，点击"确定"即可。

美图秀秀：是一款操作简便的修图工具，非专业用户也能完成简单的图片美化工作。它的功能十分齐全，编辑图片的方式也很灵活，并向用户提供了很多可选的图片素材。不少移动互联网用户喜欢用美图秀秀来编辑自拍照，把自己的形象修得更漂亮一些。

Photoshop：是目前最流行的专业图片编辑工具，可以完成绘画、修图、文字、排版等图文编辑工作。这款工具对用户的操作技巧要求较高，适用于复杂的内容编辑任务。

四、视频格式转换器

格式工厂是动图作者最常用的工具。打开格式工厂后在"视频"选项区里选择格式，然后再添加需要转换的视频，单击确定，即可等待格式工厂完成格式转换任务。

五、音频编辑

音频编辑专家是一款操作简单、功能强大的音频编辑器。它涵盖了音频格式转换、音频合并、音频截取、音量调整、铃声制作等多种功能，堪称超级音频工具合集。

六、视频后期处理软件

视频后期处理软件，可以分为专业版和家庭版。专业版软件如 Edius、Premiere、Aftereffect 等，要求使用者具有一定的专业基础。家庭版如剪映、小影、爱剪辑等，不仅有电脑版，还有更受普通用户欢迎的 App。

七、H5 编辑工具

H5 能把文字、图片、音乐、视频、链接等表现形式集中于展示页面，并通过各种控件来实现生动的动画特效，是一款功能强大且契合移动互联网阅读习惯的交互应用。市场上有专业的 H5 制作团队，新媒体运营者想自己动手，可以使用以下几款 H5 海报制作工具。

易企秀：易企秀是服务于移动互联网营销的在线 H5 场景制作工具，有上千个模板可以使用，在手机上也能完成制作，故而有"移动场景自营销管家"的称号。这款工具容易上手，基础功能完备，VIP 付费服务性价比较高。

人人秀：人人秀的广告文案是"三分钟制作互动展示"。人人秀编辑页面功能按钮设计比其他的 H5 海报制作工具更为简洁清晰，也很容易上手。人人秀率先在业内发布了地图导航、事件、艺术字体、预约调研等高级功能，并在模板精美度和动效的丰富性上处于领先地位。此外，人人秀是第一家支持 PC 端、手机端、iPad 端等多终端适配的平台，还提供 H5 个性化定制、H5 新媒体宣传方案策划等服务。人人秀的主要业务是为电影娱乐提供高端的 H5 定制，个人用户 H5 定制业务相对逊色。

MAKA：MAKA 立足于开发简单而强大的 HTML5 创作工具。编辑界面有新手（有模板）和高阶（无模板）两种编辑模式，操作起来比较便捷。MAKA 的模板比较精美，但数量不多，提供的文字图片样式和数据统计模板较少，高级功能不占优势，适合对功能要求不高的用户。

兔展："像 PPT 一样制作移动 H5 页面"是兔展的发展目标。兔展在各种 H5 编辑工具中最容易上手，DIY 程度较高，动画实现方便。模板多样，大约有 130 个。兔展分为免费版、体验版、VIP 版，免费版只支持默认的基础功能。

上述 4 个 H5 页面制作平台都采取"基础功能永久免费＋高级功能按需收费"的模式，可以满足大部分新媒体运营者的 H5 营销需求。假如运营者希望找到丰富的模板，可以选择易企秀；若是强调设计感，则首推 MAKA。

▸▸ 思考与实践

1. 传统媒体的特点是什么？传统媒体与新媒体之间的差别与联系分别是什么？

2. 下面是两则新媒体招聘启事，请结合这两则招聘启事，对新媒体行业用人标准进行分析。

A 公司的资深新媒体编辑招聘消息

岗位职责：

(1)负责新媒体的方案策划、创意、执行；

(2)策划并制定线上活动、创意方案；

(3)负责创意后的文字编写，提升用户数量及黏性；

(4)对其他编辑的创意思路进行指导及培养。

职位要求：

(1)本科学历，新闻类、汉语言类专业；

(2)具备 5 年以上文化、传媒、旅游行业工作经验；

(3)能完成各类文稿、方案、报告等的撰写工作。

B 公司的新媒体编辑招聘消息

工作职责：

(1)负责新媒体内容的采编、维护及培养、推荐，充分了解用户需求，收集用户反馈，分析用户行为及需求；

(2)广泛关注标杆性公众号，维护和拓展同类自媒体关系网络；

(3)分析同行业微博、微信内容结构及话题热点，调研目标用户群体的喜好，在此基础上定位客户需求及喜好；

(4)跟踪推广效果，分析数据并反馈；

(5)新媒体内容运营相关工作。

任职资格：

(1)大学本科以上学历，35 岁以下；

(2)熟悉微信公众号编辑与运维规则，具备文案采编、组织、整理和撰写能力，为受众策划与提供有传播性的内容；

(3)运营过微信公众账号或微博账号者优先，优先考虑有运营商业类、财经类、管理类、主题娱乐、儿童娱乐、体育等方向经验者；

(4)有媒体记者工作经验，在业内发表过相关文章或有案例者优先。

第五章　视频运营与创新

根据第三方数据监测营销机构艾媒咨询数据调查，自 2018 年以来，中国短视频用户规模不断扩大：在政策驱动、海外扩张、科技等因素的驱动下，2018 年增长率达到了 107.0%；统计至 2020 年 3 月，短视频用户达 7.73 亿，规模增幅明显，占网民整体的 85.6%，仅次于听音乐和玩网络游戏，成为使用最普遍的网络娱乐之一。

2020 年 6 月，短视频应用以人均单日 110 分钟的使用时长超过即时通信应用的使用时长，标志着文本表达和内容消费进入视频时代，各类互联网应用都在布局视频业务。当新媒介大量占据用户时间和注意力之后，新的内容形态和服务形式就会自然而然地适应新媒介的特性。中视频在 2020 年的异军突起与技术进步、资本注入等驱动力密不可分，也反映出在视频行业发展下半场中，需求端发生的巨大改变。短视频、中视频、微电影，是除电影电视剧之外对观众产生了广泛影响的视频形式，娱乐性、商业性兼备，是这类视频的重要特性。[1]

本章关键词：短视频；中视频；微电影；创作；运营

信息传播从传统的纸质媒体、电视媒体迅速向新媒体转换，大众接收信息的方式向着移动化、视频图像化迅速转变。视频制作作为一个新兴产业在互联网科技和社交媒体的支持下快速发展。短视频、中视频、微电影，是目前视频制作行业的三个主要类型。

---

① 唐绪军、黄楚新主编：《中国新媒体发展报告 No.11(2020)》，248、250 页，北京，社会科学文献出版社，2020。

第一节　短视频平稳发展

中国短视频市场已经形成以抖音、快手、西瓜视频三足鼎立的局面。根据艾瑞咨询研究报告显示：截至 2020 年 2 月，抖音、快手月活动用户分别达到 4.9 亿台、3.6 亿台；抖音 App 日均有效使用时间为 2.3 万年，西瓜视频 App 日均有效使用时间为 1.4 万年，快手 App 日均有效使用时间为 1.1 万年。无论是短视频内容、平台、质量还是管理，短视频发展已趋于成熟平稳状态。

一、短视频特点

短视频是普通大众对于自己本身的一种个性化、私人化的传播，用以发布自己所经历的生活和感受，是一种基于电子与数字媒介的载体。由于日常生活中人们浏览、生产和传播短视频内容的频率增加，带来了网络上一片"狂欢"的盛景。就短视频的生产传播内容和对外传播状态来说，是以往多种传播载体都无法比拟的。

由于短视频在时间长度上大致是 15 秒到 5 分钟，具有短小精悍的特点，而且每个短视频都是相对独立的个体，短视频与短视频之间几乎没有任何关联，不需要像电视剧一样进行长时间跟踪，因此，用户在等公交、地铁，打发时间，获得乐趣时，或进行放松，释放压力时，或获取资讯，增长知识时，或互动交友，重建归属时……利用短视频的这种时空分隔与短小精悍的特点有效填充了生活中的碎片化时间，从而让短视频得以迅速广泛传播。

5G 商用的落地有效降低了短视频创作、上传、评论、转载和分享的门槛，不仅短视频的用户体验会得到有效提升，其传播性也将得到进一步的发展。2020 年短视频用户付费意愿从 31.3% 增长至 54.8%，过半用户更愿意为其喜爱的视频付费。用户在短视频平台频率最高的互动行为仍然是"点赞"，而点赞、分享和转发等互动比例明显上涨，社交性增强，短视频的用户黏性也在逐步增加。

二、短视频内容分类

短视频依据不同的内容与目的，可以分为资讯型、技能型、广告型和交流型四种类型。

（一）资讯型短视频

资讯型短视频主要指短视频内容以社会新闻资讯和时事热点为主。

这类短视频多由主流媒体官方账号发布，或者是新闻现场的第一手信息资料再加工完成，或者是对于当下社会热点新闻话题的再传播。资讯型短视频是传统媒体向新媒体领域的过渡和转变，是对新媒体领域的主动探索和融合。这类视频的应用平台种类众多且分布广泛，除所有短视频平台的媒体型视频外，有许多的传统新闻媒体、政府官方账号也孵化出相应的短视频应用平台，如新闻联播、最高人民法院等。

（二）技能型短视频

技能型短视频主要指短视频的发布者向公众展示自己的一技之长，真人演示如何操作，给受众带来一定的教学作用。

技能型短视频涵盖范围广泛，包括美食烹饪、健身教学、服装搭配、摄影修图、办公软件运用等。技能型短视频的传播打破了传统的教学模式，展现出短视频平台的教育价值。技能型短视频由于其所具有的知识传播和教育价值，受到受众的青睐，相对娱乐性质的短视频，具有长期吸引用户的能力，且商业投资率较高，容易受到投资者的青睐。

（三）广告型短视频

广告型短视频指的是短视频的拍摄主要以推荐产品为主，依靠广告获得盈利。

广告型短视频的内容形式有两类：一类是直接推荐产品，整个短视频的全过程都在描述产品；另一类则是将广告置于视频内容中，以短片故事的形式引出产品，故事情节完整，给观众带来视觉享受的同时巧妙地植入广告，这种广告方式让人更容易接受。广告型短视频在进行广告投放时更具灵活性，且更新的速度快、频率高、投放精准。现在，美妆、服饰、食品、母婴产品等领域的广告已经出现在广告型短视频中，接下来其他领域的广告也将会出现在广告型短视频中。

（四）交流型短视频

交流型短视频是主要以交流、分享日常生活为目的的短视频类型，此类视频在目前的短视频中最为常见。

交流型短视频的内容多取材于日常生活，拍摄得较为随意，后期的修饰和剪辑也较为简单，没有太多技术含量。交流型短视频通过 App 平台的评论功能、好友互动、粉丝关注等方式，加上算法推荐等技术手段，结合即时话题互动，大大提高了用户的参与度，增强了用户体验感。

三、短视频运营

短视频运营属于新媒体运营或者互联网运营体系下的分支，即利用抖音、快手等短视频平台进行资讯传播、产品宣传推广、企业营销等一系列活动。通过策划传播性的视频内容，向客户广泛或者精准推送消息，提高知名度，从而充分利用粉丝经济，达到相应营销目的。

短视频运营需要在以下几个方面做好工作。

（一）内容策划

内容策划就是规划短视频内容、主题，准备选题及拍摄制作计划等相关工作，在这个阶段花费时间和精力最多。在泛娱乐化的视频时代，去同质化是短视频运营突围的最好方向。视频怎样才能具有自身的特点和可读性，是内容策划的中心目标。

(二)用户运营

用户运营是所有做运营工作的工作重点，了解用户画像和用户喜好，才能更加精准地开展粉丝营销，更容易吸引精准的产品用户，从而形成自己的社群，实现长期的营销转化。

算法推荐是网络短视频平台的一种精准分析，它按照用户的搜索和浏览习惯，使用大数据技术对用户的偏好进行分析，以此为基础，对受众群体进行短视频内容推送。现在大部分的短视频平台都采用算法推荐模式，在给受众带来良好的观看体验、节约受众时间的同时，又满足了受众需求，提高了用户的参与度，更是增强了用户体验感。算法机制还可以在用户年龄、爱好、所在地理位置、社交层次等信息分析的基础上更加有效地传递信息，以满足用户更深层次方面的需求。

(三)渠道推广

渠道推广是营销推广中非常重要的一个环节，运作好坏直接关系产品在市场上的流通是否顺畅，以及在整体策略上是否能策应对消费者的拉动。抖音的火爆直接将短视频推向了风口，无数的互联网企业蜂拥而至，新兴的短视频平台也层出不穷，快手、西瓜、秒拍等短视频平台火力全开，作为短视频运营人员则需要渠道化的多平台运营，有些渠道还会进行个性化运营。

短视频平台在市场激烈的竞争中，不断形成自己的平台个性和风格。如抖音短视频会根据用户的浏览习惯和对某类视频的观看次数以及点赞喜爱或者评论，来推荐相应的短视频。抖音短视频还与用户的微信、通讯录等相关联，根据大数据算法，推荐出"可能认识的人"，以此来增添用户乐趣。算法推荐在网络短视频平台上得到广泛运用后，为用户持续输入优质且符合受众口味的短视频内容，可以使平台赢得稳定的受众群体，增强用户黏性。对于个体的短视频创作者，清晰了解不同短视频平台的运营特点和风格，对于作品的创作和后期传播具有重要指导意义。

(四)数据分析

短视频运营需要数据化运营。比如某一条视频全渠道的播放量、单渠道的播放量、评论收藏量等都需要分析。要找出影响这些点的因素，针对制作的短视频进行优化。

第二节　中视频异军突起

中视频是指区别于抖音、快手短视频和优酷、爱奇艺、腾讯长视频而提出的新视频制作和传播模式，其突出特征是1～30分钟的灵活时长，以横屏的方式展现更为丰富的视觉信息，以职业内容创作者为核心进行内容创作。当中国互联网市场流量红利见顶之后，各大平台和内容生产商瞄准了能够平衡制作成本和信息深度的中视频行业，期望能借此实现业务新突破。在这样的市场背景下，中视频成为视频行业发展的新赛道。

一、中视频生产模式

随着用户对优质内容需求的提高、内容付费意愿的提升以及缩短视频时长对于拓展观看场景的作用，各平台诞生以PUGC为主的长视频变短、短视频变长的中视频形式。根据西瓜视频《中视频创作人职业发展报告》，近一年高频的视频消费中，2020年中视频平台人均日消费时长月度增长趋势明显，用户对于10～20分钟的视频内容需求增速变快，增长率达到10.2%，以PUGC为主的中视频市场目前处于高速发展阶段。

依据内容类型和专业团队参与度，中视频生产模式可分为以下几种。

第一，以创作者自身为核心进行创作，专业团队辅助生产，以创作者为IP进行发布。比如由个人发布的"考研打卡""学习打卡""早起打卡"等打卡类视频。

第二，创作者和专业团队一同进行内容挖掘，专业团队辅助生产，以创作者为IP进行发布。比如各大MCN机构的签约红人发布的"好物推荐"视频与日常Vlog"日食记"发布的烹饪视频等。

第三，专业团队进行内容选题、策划和视频制作，以团队为IP进行发布。比如生活方式类视频、汽车测评视频等。

从中视频内容类型和生产模式可以看出，PUGV是中视频的核心内容生产模式。专业化团队加个性化创作者的生产模式建立了中视频内容生产的层次化生产链，这个生产链由三部分构成：头部内容生产商、KOL和全民内容创作者。其中，头部内容生产商包括专业化生产团队、MCN机构；KOL包括明星、专家学者、行业大咖等；全民内容创作者则是平台所有用户、中视频的内容创作者平均分布在每一层的生产链中。在这个生产链中，专业团队对视频生产的参与度越高，中视频专业化程度越高，视频吸粉的可能性就越高。

二、中视频特征

(一)知识类内容逐渐成为中视频创作热点

2020年，知识类垂直领域带动泛科普、泛知识类内容成为中视频创作热点，成就了大量优质创作人。一方面，知识类内容细分程度高，创作者可以根据自身情况选择优势领域进行深耕。知识类内容与现实生活的结合度高，创作者可以依托现实情境或者社会热点，将原本枯燥、深奥的知识转化为生动、形象的视频内容。另一方面，传播知识这一行为能够带给创作者在商业和精神上的正向激励。相比生活类、娱乐类、动漫类等其他内容品类，知识类内容聚合的用户黏性较强，有利于后续商业变现。同时，创作者依靠视频形式传播知识，影响更多的用户，借由中视频传播知识能够提升他们的自我价值感，激励他们继续投身创作。

（二）职业化创作者成为中视频内容生产的核心

职业化创作者对特定领域的信息占有决定其在中视频内容生产中的核心地位。不同于算法在短视频中的核心地位，对于中视频来说，视频中传递的信息是其核心价值，创作者对特定领域信息的绝对占有决定了其在视频内容生产中的核心地位，中视频创作者将对不同领域的知识积累作为其吸引用户的基础。职业化创作者一般都是在某垂直类领域有扎实积淀或浓厚兴趣，这种兴趣和积淀使中视频创作者相对于用户而言具备特定内容领域的信息增量。优质中视频的产生也正是建立在创作者对占有的信息的理解和重构上。

（三）细分领域垂直化生产

中视频内容类型以知识技能类和生活决策类为主，细分领域垂直化生产，内容质量较高。按照内容领域来分，目前中视频主要可以分为以下垂直领域：知识类、泛科普类、辅助决策类、自我提升类和记录日常类。知识类和泛科普类内容主要来自各类平台上的法律、金融等细分领域创作者，B站财报显示，生活、游戏、娱乐、动漫、科技和知识成为最受用户欢迎的垂直品类，其中科技知识类视频贡献了2020年第四季度整体视频播放量的10%。辅助决策类中视频主要表现为近年来兴起的"生活好物推荐""科技测评""数码测评""汽车测评"等商品推荐或产品测评类视频，意在以创作者自身体验帮助消费者做出购买决策。自我提升类和记录日常类内容也是中视频2020年的重要内容领域。B站第三方数据平台"火烧云"显示，截至2021年3月，全站内容中生活类内容占比24%，位居榜首。内容的细分导致不同品类内容的视频创作之间壁垒较高，但这种壁垒也保证了创作者能够深耕自身优势领域，不断优化内容质量以吸引特定粉丝。

三、中视频创作扶持

平台对优质内容创作者的争夺和扶持，也佐证了职业化创作者在中视频内容生产中的核心地位。

第一，抖音出台"Vlog十亿流量扶持计划"，B站上线花火商业合作平台帮助UP主完善商业变现，西瓜视频的"20亿补贴"为其吸引到了大批B站优秀创作者，知乎也在2021年投入10亿元现金及流量扶持内容创作。

对于中视频本身而言，职业化的创作者能够从视频创作中获得回报，没有生存压力，可以全身心深耕自身优势领域，以优质视频提高自身影响力和用户黏性。对于平台而言，优秀的中视频创作者不仅能够丰富平台内容生态，并且能够带来用户增长。因此，各大平台都将优质创作者看作是发展中视频业务的重要推手，这是从平台战略和中视频发展的角度看待职业化创作者的作用。

2020年西瓜PLAY好奇心大会宣布，在未来一年中至少投入10亿元资金用于扶持优秀视频创作者，发展中视频。头条系产品的技术积淀可帮助西瓜视频升级中视频播放模式和提升制作水平。此外，2020年6月，西瓜视频发起"活字计划"，投入2亿资源（其中包括1亿元现金和1亿流量）支持全网图文作者实现视频化转型，联手抖音、剪映推出中视频剪辑工具，降低视频生产成本和门槛，支持优质中视频创作人。

第二，微博、微信、知乎等非视频类互联网平台也加码中视频领域。移动社交平台加速布局视频功能，社交类产品和平台类产品视频化趋势初显。2020年6月，微信视频号全面开放注册。2020年9月底，微信上线1分钟以上视频上传功能，此后，在10月3日的改版中将视频时长延长到15～30分钟，正式迈入中视频领域。2020年7月，微博启动视频号计划，以5亿元现金分成扶持创作者。2020年10月，百度推出独立视频App百度看看。同时，知乎于2020年10月在首页新增"视频"专区，重点发力1分钟以上的知识视频。2020年8月，生活方式平台小红书上线视频号，将支持向站内500粉以上并拥有视频创作经验的用户开放，视频最长时间达15分钟，突破此前视频不超过5分钟的限制。

第三，以内容付费和电商导流为重点。对于中视频而言，内容付费和电商导流将成为盈利增长点，双向发力和广告业务共同带动视频行业市场规模增长。随着市场教育程度的提高、智能手机的普及、流量资费的下降以及算法在应用中的普及，愿意为优质内容和知识服务付费的人群基数不断增长。同时，随着我国网络直播用户规模的不断增长，电商直播逐渐成为中视频行业营销变现的重要途径。

第三节　微电影魅力独秀

微电影（Micro Film），即微型电影，又称微影、小型电影，指的是在电影和电视剧艺术的基础上衍生出来的小型影片。微电影具有完整的故事情节和可观赏性。

2011年1月，著名导演杨志平先生率先提出了"微电影"概念，被公认为"微影之父"。随后，各大门户网站推出自己的微电影计划，其中搜狐视频携手中影推出了7电影计划，腾讯视频联合湖南卫视推出了青春态度微电影、9分钟电影大赛等板块，爱奇艺推出系列微电影《城市映像》。各种微电影节应运而生，从此拉开了微电影时代的序幕。[1] 互联网的普及、录像设备的普及、各类新媒体平台的兴起，为微电影的创作和传播提供了便利的条件。借助互联网的东风，微电影每年创作数量不断取得突破，已成为新媒体时代的重要信息途径之一。

---

① 吴小明、单光磊主编：《微电影制作教程》，101页，北京，化学工业出版社，2018。

一、微电影特征

微电影特征突出表现在它的时长、剧情的设置以及制作成本上。时长较短、剧情结构简洁、构思精巧、制作成本小、剧组小，构成了微电影的基本特征。

(一)平民化的创作队伍

微电影的创作者以普通大众为主体，虽然不时会有影视导演创作的优秀微电影作品引起大众的关注，但非职业化创作仍然是微电影创作者的重要特征。创作者的身份多样化、年轻化，带来了微电影关注社会的视角平民化、多元化、细节化、生活化，使微电影拥有了各阶层的观众，也促进了微电影持续的繁荣和发展。

(二)细节化的社会视角

平民化的创作决定了微电影题材的多元化。细节化是微电影在主题表现上的最大特色。受限于投资小、创作队伍小、拍摄设备简单，微电影在题材的选择上没有通常电影、电视剧的宏大叙事和恢宏的摄制场景，同样也常常缺少高科技手段的包装。微电影以它平民化的视角深入社会生活的细微处，截取社会生活中点滴令人动情动容之情之境，细节化地表现作者的情感和社会的现象。

(三)触及灵魂的情感表达

微电影以微小的触角深入生活的细微之处，表达出细致的生活、生存感受，作品提出的问题常常直击主人公的灵魂深处，获得观众强烈的情感共鸣。微电影避开了宏大的主题诉求，避开了恢宏的叙事架构，专注于普通人细小的生活生存感触，以细微的生活化细节为主要选材方式，形成了强烈的情感诉求特征。

(四)聚焦式的剧情架构

微电影的剧情结构与常规电影、电视剧的结构也有区别，可以用聚焦式来概括微电影的结构。聚焦即聚集于焦点，微电影中聚焦的方式有多种，如人物动作、行为习惯的反复中的渐变，单线索结构、"两头弱，中间强"的叙事形式，尽量做到一个主题、一组事件、一条线索、一个过程、一个故事，最大限度增强冲击力和感染力，巧妙构思，以小见大。微电影涉及的人物也是删繁就简，主角和配角多由几个人担纲，有时一个人也能成戏，而且主角也是以小人物居多。

二、微电影分类

微电影按照时间长短可以分为：10分钟微电影、10～20分钟微电影、20～60分钟微电影；按照拍摄设备可以分为：专业数字摄影机微电影、单反照相机微电影、高清拍摄手机微电影等；按照题材可以分为：城市微电影、农村微电影、校园微电影等；按照虚构与否可以分为：剧情微电影、纪实微电影等。社会和媒体认可度较高的是以下五种类型。

（一）广告微电影

广告微电影是为了宣传某个特定的产品或品牌而拍摄的有情节的、时长一般在 5～30 分钟的、以电影为表现手法的广告。它的本质依旧是广告，具有商业性或是目的性。广告微电影，采用了电影的拍摄手法和技巧，增加了广告信息的故事性，能够更深入地实现品牌形象、理念的渗透和推广，能够更好地达到"润物细无声"的境界。广告微电影仍然是电影，不同的是，产品成为整个电影的第一角色或是线索。

（二）宣教微电影

这类微电影主题多是表现社会主旋律，传递正能量，倡导和谐，表现真善美，抨击假恶丑，特别关注对人伦亲情的表现。其作用是把社会中的美好现象，以光鲜的方式呈现出来，在潜移默化中感动人、教育人，从而凝聚人心，维护社会安定团结。

（三）艺术微电影

艺术微电影具有强烈的批判性、探索性，强调个性化的艺术追求，主题寓意深刻，具有一定的哲学思考；注意塑造个性鲜明的典型人物；打破一般微电影的叙事惯例，创意独特，寻求形式上的突破。一些著名的导演都探索拍摄一些电影短片，其中很多都是纯艺术型的微电影。

（四）校园微电影

校园微电影多是学院派的微电影创作。院校常常把微电影创作作为影视专业或者电视编导专业的核心课程实践，如情景剧短片、毕业短片、实验短片等，虽然延续了课程的名称，实际上就是微电影创作。另外，有些院校把微电影创作开设成大学生公共选修课，如复旦大学的"影像创作实践"、同济大学的"微电影创作"等，都是面向全校爱好微电影创作的学生来开设的。

（五）科普微电影

科普微电影是运用影视技术和艺术手段，传播科学思想，弘扬科学精神，提倡科学方法，普及科学知识，传承人文理念，起一定教化作用的微型电影。科普微电影的表现对象非常广泛，涉及农业、工业、地理、数学、历史、化学、生物、医学、物理、天文等领域，它的观众面广，以向公众普及科学知识为己任。新西兰著名科教片导演朱迪·库伦认为："所有的科教影视片的制作者都应该有一个目标，即从情感和科技两个方面，将观众牢牢抓住，让观众沉浸在故事中学习新知。"[①]因此，以传播科学知识为己任的科普微电影也需要讲故事，讲好故事，以使枯燥的科学知识融入趣味性的影视情节，打动和吸引观众，寓教于乐，达到更好地传播科学知识的目的。

科普微电影融科学性、思想性和艺术性于一体，借助微电影这一载体，向观众传播科学知识，为科普知识的传播提供了新的传播渠道，也为微电影开拓了新的类型。

---

① 转引自张静：《浅析硬性科教节目的"软"处理》，载《今传媒》，2013(08)。

三、微电影创作流程

(一)寻找创作灵感

灵感也叫灵感思维,指文艺、科技活动中瞬间产生的富有创造性的突发思维状态。优秀的作品创作往往来自脑海里瞬间的感悟,但灵感并不是虚无缥缈的,是个体对某些事物和现象长期思考的结果。微电影创作,首先来自创作者对社会生活的长期观察和思考之后在某个瞬间所突然获得的创作冲动,是情感的迸发。因此,创作者只有深入人群中,深入生活、工作的真实场景中去感受,才能获得感悟,获得创作的灵感,才能创作出优秀的作品。对于微电影的创作者,无论是受托于人的命题创作,还是自由创作,都需要到具体场景中浸染、体验,获得感悟。如果还没有创作灵感,那么唯一的捷径就是到生活中去寻找和感悟。创作灵感获得的标志是,对某一事件、某一人或人群、某一现象或情绪获得了创作想法,获得了创作素材的来源。

有的微电影是由编剧根据小说、电视文学剧本、戏剧剧本、传奇传记等改编而来,但进行改编时,改编者仍然需要根据原作进行生活体验,才能进行更好的二次改编和创作。

(二)剧本和分镜创作

在获得了创作灵感之后,第一步是要确立创作主题,围绕着确立的主题,创作剧情剧本。在剧本的创作中,剧本主要由人物对话(或唱词)和舞台提示组成。舞台提示一般指出人物说话的语气、说话时的动作或人物上下场,指出场景或其他效果变换等,包括对剧情发生的时间、地点的交代,对剧中人物的形象特征、形体动作及内心活动的描述,对场景、气氛的说明,以及对布景、灯光、音响效果等方面的要求。

对于微电影创作来说,在完成了剧情剧本的创作后,还需要创作出分镜剧本。分镜剧本也称分镜头脚本、分镜头剧本、分镜头、分镜等。分镜剧本,通俗含义就是在分景后再分镜的剧本,有故事版分镜、绘画版分镜。

分镜剧本的主要流程为:文字分镜、表格分镜、绘画分镜、动态分镜、后期特效分镜。文字分镜,用文字表述的方式将剧本的每一幕的内容表述清楚;表格分镜,用表格的方式对每一个镜头做出具体设计说明;绘画分镜,用绘画的方式对一个镜头演员的动作、位置、场景等做出基本的描绘;动态分镜,指分镜头画面的影片化,比起静态分镜可以更好地给予导演整个影片的节奏感和连贯感;后期特效分镜,是对后期制作做出的分场分镜头规划。

(三)筹建摄制组

摄制组主要由导演、制片、演员、摄影、美工、照明、录像、录音、音响效果、化妆、服装、道具、置景、场记、作曲、剧务等人员组成。其中,导演负责整个拍摄录制工作,制片人协调导演处理日常事务,后勤工作由剧务总负责,其他人员各司其职。

导演的第一项任务,就是要按期写出分镜头剧本,将供阅读的电视文学剧本变为供拍摄用的具体、详细、明确的镜头拍摄实施方案。然后，导演根据对剧本的掌握，向摄制组人员做导演阐述，详尽地说明剧本的主题、背景、风格、基调，人物的性格、特征，情节的演变、发展，以及对化妆、布景、道具、服饰等的具体要求。

（四）录制阶段

开机之前，要由导演、制片人及有关创作人员就整个录制工作写出通盘计划。哪一天在哪里拍哪些镜头，由哪些演员表演，需要怎样的布景、道具，等等，都要具体、明确。拍摄计划往往将分镜头剧本的镜头顺序打乱，将使用同一场景的镜头尽量集中在一起拍摄，这样可提高拍片效率。有了一个通盘的计划，录制工作就会按部就班、井然有序地进行。

此外，场地选择，主要演员的造型设计，录制过程中需要的服装、道具、布景都要在开拍之前基本准备就绪。一切准备工作完成后就进入拍摄录制阶段了。开拍以后，场记负责将已拍完的每一个镜头做详细记录，为后期制作做好准备。拍摄过程中，导演、演员及有关人员要及时观看拍出的镜头，如不满意要重新补拍。

（五）后期制作

后期制作主要指片子拍摄好后，要进行初剪、精剪、配音、配乐、字幕、特效等一系列的制作，让整个片子有顺序而不凌乱，并能够带给观众视听结合的效果。就算再好的画面，没有听觉上的效果，也会逊色不少，且观众无法通过画面直接了解这个片子所要表达的思想。

四、微电影创作实践指导

（一）微电影主题确立技巧

主题是剧本的主心骨，是人物塑造的方向标，是情节设置的试金石，它能够为一部影片的最终完成保驾护航。主题并不需要多么高深，但它必须鲜明地包含创作者的价值立场和情感倾向。

从表述上来看，微电影的主题应该是一个完整的陈述句，至少包括冲突和结果，有可能的话也包括人物。如果缺少这些要素，就不能构成一个主题。

一些初学者很容易以这样的主题为向导开始一部微电影的创作："生活是沉重的""人生充满了无奈""爱情有太多不确定的因素"，等等。这些主题停留在感觉的层面，无法准确具体地概括出情节的冲突和结果。

有这样一个题材：一个大学生在毕业前夕想出国留学，但是家境贫寒，无法支持他的梦想。他的老师也认为，他学的是中国文学，出国对他的专业发展并没有什么帮助，还不如早点毕业，在工作中锻炼自己。于是，这位大学生感慨：人生充满了无奈。在这个故事里，人物和情节框架虽然都有了，但难以发展成一部合格的微电影。因为，这个题材存在冲突平淡、人物性格不清晰、主题浮于表面等缺点。这时，创作者需要突破感觉的层面，从题材中进一步挖掘。假设，这位大学生家境贫寒、专业不对口，但因为同寝室的人都出国而想出国，对于出国之后的就业方向没有什么打算，最后给自己、家人和朋友都带来压力甚至不幸。这时，创作者就可以将主题概括为：（一位大学生）因为虚荣和盲目，给自己和他人带来了灾难。在这个主题表述中，人物是一位即将毕业的大学生，情节的冲突（虚荣、盲目和现实处境之间的冲突）和结果也能大致知晓。这才是一个可行的主题。

主题不能是一种感觉，也不能过于抽象与神秘，而要用准确具体的话语陈述一个判断或一种立场，一定要包含冲突和结果两个要素，可能的话也将人物包括进去。优秀的主题评级标准，可以是：感动自己、独特新颖、观众乐于接受。

主题来源，大致可以有这样几个方面：（1）来自社会热点。通过社会热点创作微电影去传达社会正能量，倡导社会新风尚。（2）来自生活周边。艺术来源于生活，生活是微电影创作的灵感来源，很多生活故事本身就是一部很好的微电影，只要加以提炼，就能达到艺术的高度。（3）来自影视文学。影视作品和文学作品，本身就具有很好的故事和主题，利用微电影形式去表现，换一种形式表现。

（二）人物表演指导

一部影片确立了主题之后，编剧就应该寻找合适的人物来演绎这个主题，通过人物的人生选择和命运轨迹来证明这个主题。

对于剧本中的主要人物，编剧都必须对他们的信息了若指掌，即使这些信息不必在影片中出现，但它们作为背景资料在深刻地影响人物的性格、判断、选择。

人物设置的核心在于他必须是真实的、具体的、可信的、有行动能力的。如何做到这一点？必须了解这个人物更多的信息，包括他的年龄、性别、外貌、职业、性格等因素，还要了解他的家庭出身、受教育程度、父母的职业、父母之间的关系等信息。当这个人物足够真实之后，他会想什么，会做什么。

《编剧的艺术》一书将人物区分为三个维度：生理、社会和心理。生理层面就是人物的生理特征（包括性别、外貌和年龄等因素），社会层面就是人物的社会身份、家庭出身等信息，心理层面多少是由生理和社会层面决定的，指一个人的性格、脾性、道德水准、潜意识深处的欲望与冲动等。每一个人物都生活在特定的社会关系网络中，也生活在特定的现实情境中，更来自独特的家庭环境，接受过不同的教育，这些因素都影响了人物的性格和心理状况，也决定了人物在遇到人生重大转折时的选择。编剧对于人物的这些信息足够了解之后，才能推断、猜测人物接下来会怎么做，从而避免把人物当作提线木偶，随便强加一个意念给人物，让人物做出违背他性格或处境的选择，使情节失去可信度。

（三）情节设置技巧

情节就是人物克服障碍追求动机的过程。一个剧本中，情节发展的动力来自人物的动机，即人物有实现某个欲望的强烈意愿。人物在达成意愿的路途上会遇到许多障碍，人物在努力克服这些障碍的过程中就推动了情节向前发展。如果人物没有什么欲望，那他就不会行动；人物不行动，情节就会原地踏步。

人物的实质是行动，人物必须有所动作，而不是被动等待，消极应对。既然人物必须是主动的，编剧就必须保证人物的动机不仅来自外在的压力，更来自内在的动力，这样才能让人物在遇到困难时百折不挠。

许多编剧会认为，一个剧本最大的魅力来自情节发展过程中那些障碍的设置以及克服障碍的方式的设置。对于大多数标准的商业片（尤其是动作片）来说，这种认识是对的。但是，一个有追求的编剧应该超越这种对外在动作和冲突的设置，努力将情节的发展引向心理的层面甚至哲学思考的层面。

第一，情节的推动力应该来自冲突，而冲突来自人物的动机与自我、他人、环境（自然环境和社会环境）之间的抵牾，而这种抵牾必须呈现为动作。如果一个剧本的情节推动力主要来自对话甚至旁白，那这个剧本更适合电视剧或者话剧，而不适合电影。

第二，主人公在克服障碍追求动机的过程中也顺便实现了内心的某个需求或者完成了自我蜕变。

第三，为了增加情节的紧迫感与刺激性，编剧要为情节设定一些限制性条件：时间限制或者条件限制。这不仅是因为每部影片的时长是有限的，更因为同样一段情节在不同的限定中所呈现的剧情张力以及紧张程度也是迥异的。"主人公克服障碍追求目标的过程"就可以改成：主人公必须在限定的时间里克服障碍并完成目标，或者主人公必须在满足某某条件之后才可能克服障碍并完成目标。时间限定可以使情节发展有清晰的倒计时之感，从而使观众陷于高度紧张的状态中；条件限定则等于为人物的行动指明了方向。

（四）情节拐点设置技巧[①]

无论一部影片采用什么样的情节结构方式，单一情节的发展顺序是亘古不变的：开端—发展—高潮—结局。也有编剧著作将这个顺序概括为三幕式结构：建置—对抗—结局；或者"冲突律"：平衡—平衡被打破—恢复平衡。无论采用哪一种命名方式，其核心要素没有变，都涉及最基本的"冲突设置"，即本来平静的生活因外力的破坏或者内在的欲望而无法再保持平静，主人公需要通过积极的努力使生活恢复平静或者达到令自己更满意的平静。在这条情节发展的链条中，最关键的就是那个平衡被打破的点，常用"情节拐点"来命名。

在情节拐点出现之前，主人公的生活是平静的，甚至是自己非常满意的，拐点出现之后，主人公无法再心平气和，而是必须奋发有为，积极行动，从而使情节在冲突

---

① 龚金平：《微电影编剧：观念与技法》，1514、1452、2867页，上海，复旦大学出版社，2017。

中走向高潮。情节拐点的出现有两种可能，一种是外力，另一种是内力。所谓外力，是指主人公的生活本来很安稳，甚至很满足，但某种不可预知的偶然性，或者某种邪恶势力强行破坏了主人公生活的平静，由此主人公必须有所行动，使生活回到正轨。内力，是指主人公对现有的生活感到不满意，或者生命中出现了一种令人激动的欲望目标，他必须努力去追逐这个欲望目标，才能使内心满意。

（五）故事大纲编制

故事大纲要包括以下要素：A. 故事的开场和铺垫。B. 情节拐点（激励事件）。C. 情节发展。D. 主人公遇到危机或者考验。E. 冲突加剧。F. 主人公遇到了更大的危机或者考验。G. 主人公克服了最后的磨难。H. 结局。这个故事大纲模板的内置逻辑结构就是："建构—对抗—结局"三段式结构。

例如，电影文学剧本《牧马人》的故事内部结构如下。

A. 故事的开场和铺垫

敕勒川草原。蓝天似盖，大地如盘。万里晴空下，白雪覆盖着祁连山顶，山坡下是一望无际的绿色草原。远远望去，草原上蠕动着牛群、羊群。在一片沼泽湖边，有一群马在静静地吃着青草。一个三十多岁的牧人在草原上仰天躺着，他是许灵均，他看着那云影移动的苍穹。

B. 情节拐点（激励事件）

北京饭店一房间。许景由的秘书宋蕉英和中国旅行社一位工作人员说着："我们董事长有个儿子叫许灵均，他在敕勒川牧场做工，请你们帮忙找一找……"

C. 情节发展

许景由："过去的事情，让它过去吧！你还是赶快准备一下，跟我到美国去吧！……我这次回大陆，一方面是想看看故国山河，更主要的是要把你带走……"

D. 主人公遇到危机或者考验

许灵均在掉着泪，一个大个子护士在掰着沈淑缜的手，她还紧紧地握着许灵均的手腕。"这是我和父亲的最后一次见面，后来他到美国去了，而妈妈就在他走后第四天，死在一家德国人的医院里。"

E. 冲突加剧

许灵均："我走过艰难的路，不过我不但找到了人的价值，我还找到了人的温暖，我找到了亲人，他们给予我的……我一辈子都不会忘记的……"他眼中流出了泪水。

F. 主人公遇到了更大的危机或者考验

院墙已经垒好，小土屋的山墙边又盖了一间整齐的小房，两棵白杨树已经长得婆婆成荫，院子中间是一座浓密的丝瓜架。

秀芝的声音继续着："你天天趴在墙上看地图，你可以把它取下来叠好装在口袋里带走，可那是纸上的，祁连山你背不走，大草原你背不走！"

G. 主人公克服了最后的磨难

许灵均："是的，爸爸，假使你五年前回来，我可能跟你走！现在，我宁愿再过艰苦的生活，和祖国一道爬这个坡！"

H. 结局

许灵均在大路上走着，在晚风的吹拂下，他胸中荡起一股柔情……"我终于看见了学校。看到了秀芝栽的两棵白杨树，一股暖流流遍我的全身。"

第四节 视频创新策略

人们每天都在接受媒体频道信息的轰炸，只有最具针对性的消息才能冲破信息的洪流，抵达受众。要想引起人们的注意，必须使自己创作的内容更加吸引人。内容独特新颖、令人难忘，但最重要的是，信息必须易于理解。爆款视频就是指能够吸引观众、具有超级分享力的视频。

超级分享力是指你所制作的内容对于观看者极具价值，能够使人们集中精力关注信息，而不是点击关闭或者滑动屏幕刷过去，让他们感到有必要将其分享给朋友们。所有社交平台都是基于分享的概念建立起来的，因此社交平台都会推广一些用户乐于分享的内容。

据统计，人们乐于分享的五类内容是：音乐视频、可爱宝宝视频、令人"震撼"视频、恶作剧视频、喜剧视频；而人们乐于分享的五种感情，包括：幸福感、敬畏感、共鸣感、好奇心、惊喜感。教育类内容、释放善意的内容、独特大胆的想法和设计的内容，都能够获得不错的分享结果。[1]

艾森伯格"赢得媒体"价值指数报告对社交媒体上用户的反应对品牌所产生的价值进行了量化，在发布的报告中将人们的不同反应以金额的形式体现出来，囊括了人们在各种不同的社交平台上的所有反应，如点赞、分享或者评论等。

一、标题能被立刻理解

当你在浏览社交媒体上的内容时，最初的注意力持续时间大约是几毫秒。人类与生俱来更倾向于注意到运动的物体，大脑趋向于给予运动的物体或图像更多关注，停留其上的注意力也比停留在静止的事物上的时间更长。

要使观众在最初的几秒内决定是否要停下来继续观看该视频，需要同时发生两件事：其一，视频所包含的概念要能够引起他们的注意；其二，他们能够立刻理解该概念。如果视频中的概念没能引起他们的注意，他们将继续浏览下一条内容；如果他们

---

[1] ［英］蒂姆·斯特普尔斯、［英］乔希·扬：《打造爆款视频》，徐烨华译，18 页，北京，中国财政经济出版社，2022。

无法立刻理解概念的含义，他们也会放弃尝试，并继续浏览其他内容。因此，标题必须让观众能够立刻"理解"是最为关键的一步。

标题如果表达出观众能够理解的幸福感、敬畏感、共鸣感、好奇心和惊喜感，让观众能够在接触视频的一瞬间对作品产生共鸣和认同，即便他们只观看了视频的前15秒到30秒，他们也会立即分享该视频。人们会在视频引起共鸣的那一刹那，立即分享给所有的朋友和粉丝，这就意味着，大部分人在完整观看视频之前，就已经将视频分享出去了。

在拟定标题时，可以尝试采用这样的方式：标题＝视频的核心分享力，用最简短的句子概括出视频的核心分享力，使观众在第一眼看到它时就能够抓住视频的核心内容，吸引观众看下去。

【案例】如果宝宝们参加奥运会，他们将会有怎样的表现呢？

电视台为推广奥林匹克频道寻找具有分享力的内容。某公司的构思是：办一场宝宝奥运会，这个创意让公司每个人都为之雀跃。然后，他们拟定出了该节目的标题：如果宝宝们参加奥运会，他们将会有怎样的表现呢？这是一个绝妙的标题，其中包含的概念既容易理解又极具画面感。此外，它还自带"理解"因素，看到这条标题，能立刻"理解"它要表达什么。这条标题在公司的内部审核中高分通过，此视频也成为他们推出最成功的视频之一，而视频的标题无疑对推广和分享起到了重要的作用。

二、7秒"献出山羊"

传统讲述故事的模式是先慢慢铺垫，然后才到达高潮部分。在剧情片中不可能在剧情一开始就将大结局交代清楚。但是，互联网恰恰相反。所有线上内容，如果你没有在最初几秒内向观众献出他们想看的内容，他们将直接浏览下一条内容，而不会把视频坚持看完。因此，你必须事先"献出山羊"，就是将视频开头视为整个视频的小型预告片，能否将人们带入后续的视频之中将取决于此。精彩的视频开端往往能够迅速提高观众的积极性，使观众产生瞬间的情绪冲动，从而使他们的大脑集中注意力，去认真观看你的视频接下来将要展示的故事内容。

在电视节目中，这种做法已经很普遍了。多年以来真人秀节目就一直采用"超级预告片"形式，"超级预告片"是针对节目制作的2分钟到4分钟的预告片，该预告片在节目开始时播放，向观众展示在接下来的一个小时内将看到的节目，预告片囊括了整期节目的精华。

三、顺势弄潮创新模式

互联网上充斥着来自四面八方的喧嚣声，如果你的视频没有在前几秒之内出现能让观众产生共鸣的内容，他们根本不会继续看下去。如果他们没有立刻理解视频，他们就会立刻浏览下一条内容。

当你顺着热点话题造势时，就等于抓住了流行文化，通过该热点话题给人们带来新的价值，这就是常说的"顺势弄潮"。

据统计，如果你试图向全世界推送一则消息，而你又没有紧跟热点话题，那么200万人中可能只有1人能听见你的消息。但是，如果能顺势弄潮，并且是以一种真实诚恳的方式参与到话题之中，那么2000人中可能就有1人能听见你的消息。相较于根据内容自行制造热点，让内容借助于已在互联网上获得一定热度的话题，则要容易得多，是快速吸引大量关注，冲破互联网噪声，使内容具有分享力的最有效方法之一。

四、逆向而行创新模式

不论是顺势弄潮还是逆向而行，最关键的一点就是找到合适的流行趋势。你可以将自己的内容依附于流行趋势，以此来顺势弄潮，也可以在找到某个流行趋势以后将其彻底翻转过来，逆向而行。

逆势而为的第一种做法是：仔细观察你所涉及的领域有哪些思想领袖，观察他们是如何给出评论的，在此基础上，再针对他们已经吸引的同一批受众，推出一些与之不同的原创内容，以给出一种新颖独特、尚未存在过的对比性观点。

逆势而为的第二种做法是：根据热点，紧跟热点，顺势而为，但在主题的选择和制定上，又剑走偏锋，逆向思维，创造一些完全不同的主题或者意外的转折。

逆势而为的第三种做法是：找到某个流行趋势以后将其彻底翻转过来，以此来逆向而行。针对最新热点话题或流行趋势，创作出逆向而行的内容。

五、合理筹划发布时机

一般来说，每天的发帖量最好不要超过一则，除非你的确有特别的事情想要展示。同时，保持一定的发帖频率、一个健康的渠道，平均发帖量应维持在每周两到三次。当然，你也可以选择稍微超过该频率，但是不管你选择了哪个发帖频率，都请做好维持的准备，因为突然降低发帖频率的账号会大量掉粉。

第五节 视频发布测试

为了增加视频制作上的针对性和目的性，在视频发布前常常需要通过测试环节，而不是盲目地就将视频发布出去，经过精心设计的测试环节的测试，获得对视频的总体评价和自我认知。坚持使用发布前的测试环节，对于视频制作水平的提高具有显著的作用。

一、静音测试

如今在互联网上看短视频，人们基本上回到了起点状态，即 20 世纪早期的默片时代。原因在于，人们常常是在一个公共场合碎片化观看浏览视频，为了不影响他人，常常是静音观看。这样，就需要我们的作品在发布前进行静音测试。

当你在测试视频效果时，要始终记得在静音情况下观看，并体会视频给你带来的感受，观察它是否清晰地传达了信息，是否具有足够的吸引力。当你对视频的效果感到满意之后，再邀请尚未观看过的朋友、家人或同事进行静音观看，然后请他们说出他们认为视频所表达的意思。你不妨询问他们，视频的开头对他们是否有足够的吸引力，能否让他们想要继续观看视频的剩余部分？

事实上，如果你的视频在静音的情况下，能像一部无声电影那样具有超强的吸引力，那么当人们打开声音使之成为有声电影时，效果将会更加出色。

二、图文匹配测试

通常能在社交媒体上取得良好效果的制作视频的格式和方式，有研究者将之归纳为"超级分享力社论体"。

"超级分享力社论体"用中立的第三人称来讲述故事，以有机会听到知情人士或者当事人对该事件的直接描述的口吻进行讲述。通过新闻标题的风格、清晰易读的字体、极具吸引力的视觉图像、文字和图片结合的形式来讲述故事。"超级分享力社论体"对于那些习惯于在静音状态下浏览动态的受众，由于使用易于理解的标题向他们讲述故事，以中立的第三人称进行描述，因此具有一种实事求是的新闻感。

"超级分享力社论体"被各种媒体平台普遍使用，它已经产生了一些互联网上观看次数最多和分享次数最多的内容。在制作内容时，使用受众熟悉的格式和语言是非常关键的。

三、片头测试

当人们在社交媒体上浏览各种动态更新时，他们几乎是在瞬间决定是否关注屏幕上的内容。如果内容与他们相关或者令他们很感兴趣，他们就会停下浏览的步伐，进一步点开视频。但是如果视频没有立即吸引他们的注意，那么他们将很快往下浏览，几乎没有人会回过头来重看他们之前刷过去的内容。

制作吸引人的内容自然是必不可少的，而视频的片头往往是制胜的关键。视频片头的前 3 秒、前 5 秒乃至前 7 秒，就相当于在商店外大声招徕顾客的店员。当人们滚动屏幕浏览平台每天新推送的内容时，吸引人的片头将成为他们停下来观看的理由。试想一下，如果你在刷手机时，看到一些视频以黑板白字或是平淡无奇的风景照为片头，并配有无聊的背景音乐，你会想要点开看吗？但是，如果某则视频起了一个引人注目的标题，片头又有绝佳的视觉效果，那么你极有可能立刻受其吸引，并进一步点击视频进行观看。视频片头配文简单、通俗易懂，并且与大多数人所面临的境况有较高的相关度，该视频将能够成功吸引人们的注意，获得极高的观看量。

四、三级测试

三级测试，即反复审视自己已发布作品、对手已发布作品，以及优秀作品。对已有的发布的视频的讯息进行全面的梳理、反思，从中发现总结成功的因素和不和谐的因素。

对自己已发布的所有帖子进行系统的审查和分类：先将它们按平台区分开来，然后按照日期、帖子类型（视频、图片、第三方内容等）、发布时间、观看次数或显示次数、点赞量、评论次数或分享次数等进行再次分类。

何种类型的内容更容易取得良好的表现？哪种格式所获得的互动参与率最高？是视频、照片还是第三方内容？发布时间会影响互动参与率吗？你需要尽可能多地提出问题，并从各个角度研究你所梳理出来的数据。

在你所从事的领域中，或者在你达成目标的过程中，你认为你拥有哪些竞争对手。从中找出10个表现最佳和最差的帖子观察分析，对于那些表现最为出色的内容，你认为是什么原因使之大获成功，而对于那些表现差劲的内容，你认为是什么导致了它们的失败，是否有最佳发布时刻，你的竞争对手的互动参与率是多少，这些品牌在哪方面做得比较好，在哪些方面又做得不够好，等等，在观察分析之后，再来对即将发布的作品进行对比分析。

▸▸ 思考与实践

1. 对您所在城市或地区的媒体公司视频创作现状进行调查，并写出调查报告。

2. 2022年5月，抖音、快手、京东等企业共同发布《网络直播和短视频营销平台自律公约》，2020年7月，中国广告协会发布《网络直播营销行为规范》，请阅读这两个资料，并针对资料所提出的观点做出总结。

第六章　创新设计思维[①]

从现状和出现的问题出发，可以找到问题的解决方案，是解决问题的方法。从美好的未来出发，可以实现创新的解决方案，是获得与众不同的创新方案的方法。将两者结合起来，不但可以解决问题，满足客户的需求，而且还可以帮助企业和客户获得美好的未来。创新设计思维就是逻辑思维和设计思维的组合，是兼顾二者的第三条道路。

本章关键词：创新；创新设计思维；创新设计思维工作坊

第一节　创新思维本质特征

创新者的思维与众不同，他们有"非同凡想"的想法，这是人们对成功者的普遍认同。史蒂夫·乔布斯说，他们之所以拥有"非同凡想"的想法，只是因为他们能够把尚未被联系起来的事物联系起来。爱因斯坦曾经将创新性思维称为"组合游戏"，并认为这是创新性思维的本质特点。

一、联系能力

创新是指人们为了发展的需要，运用已知的信息，不断突破常规，发现或产生某种新颖、独特的有社会价值或个人价值的新事物、新思想的活动。创新的本质是突破，即突破旧的思维定式、旧的常规戒律。创新活动的核心是"新"。例如，对于企业运营而言的创新，它可以是产品的结构、性能和外部特征的变革，或者是造型设计、内容

[①] 本章内容参考：鲁百年：《创新设计思维：设计思维方法论以及实践手册》，北京，清华大学出版社，2015。[美]杰夫·戴尔、[美]赫尔·葛瑞格森、[美]克莱顿·克里斯坦森：《创新者的基因》，曾佳宁译，北京，中信出版社，2020。

的表现形式或手段的创造，或者是内容的丰富和完善，或者是流程和商业模式的再造，或者是企业战略转型的模式，甚至是社会责任的转变等。

"联系"被看作创新的重要思维特征，通过联系，可以跨越知识领域、产业乃至地域，将不同的对象联系在一起。联系思维能力就是把不同对象组合在一起进行整合思考的能力。联系思维的能力可以通过提问、观察、交际和实验得以极大提高，它们被看作创新性思维的催化剂。

二、联系创新——美第奇效应

美第奇效应指的是在某一地理空间或者市场空间内产生的许多新奇的想法被结合在一起，从而创造出惊人的新事物。约翰松提出了"美第奇效应"这一术语。

从古至今，每个时代都不乏美第奇效应。历史学家常常称8世纪到13世纪是伊斯兰世界的"复兴时代"或"黄金时代"。巴格达吸引着伊斯兰世界最伟大的学者，开罗、大马士革、突尼斯和科尔多瓦智者云集，麦加不仅是宗教中心，也会集了多国的商人。这次的伊斯兰复兴产生了许多重要的创新，其中许多创新被沿用至今，包括唇膏的基本制作原理和原料、防晒霜、温度计、乙醇、腋下除臭剂、牙齿漂白术、鱼雷、防火布料和慈善信托。再如美国的硅谷，20世纪60年代的硅谷还跟代表高科技的"硅"毫无关系，但是到了70年代，情况发生了彻底的变化，硅谷在70年代、80年代和90年代迎来了属于它的复兴时期，技术创新层出不穷。各国各地都在积极地尝试将不同领域的人才聚集起来，如中国遍布各地的创新创业中心。

三、提高联系能力的练习方法

有效的练习方法可以使你有更强的"非同凡想"的能力，建立出人意料的联系，形成新的想法。

方法一：生拉硬拽。生拉硬拽地联系，将不会自然联系起来的事物组合到一起。这样在看似不可能的情况下就可以形成一个创新的设想。

方法二：换位思考。通过换位思考从另外一个角度对事物进行观察和思考。例如将微波炉和洗碗机的特点组合起来，发明了加热洗碗机，镶嵌在厨房操作台内，形成整体性结构，等等。

方法三：打比方。每个类比都有潜力激发与众不同的视角。如为公司的产品或服务找个类比或打个别出心裁的比方，比如这款洗碗机也许可以完全不用水，而是用某种加热技术对碗筷进行清洁消毒。在实际中，电器公司EdgeStar就完成了这个设想，生产了一款与厨房操作台大小相匹配的洗碗机，厨宝公司KitchenAid的洗碗机则是镶嵌在厨房操作台内。

方法四：收集奇异有趣的物件，造一个专属于自己的好奇盒子。在每次遇到难题或机遇的时候，从盒子里随机取出一件独特的物品。环球创新设计公司 IDEO 有一个有趣的做法。该公司设有专门的全职岗位为公司的"技术盒子"收集新鲜事物。公司的设计师在头脑风暴渴望产生新想法的时候，就会依靠盒子里的物件(每个盒子里都有数百个高科技电子设备、益智玩具和其他五花八门的东西)。因为他们知道，古怪的、非同寻常的事物往往能催生新的联系。

方法五：SCAMPER 思考法。艾利克斯·奥斯本(Alex Osborn)和鲍伯·艾伯乐(Bob Eberle)提出的 SCAMPER 思考法，SCAMPER 是几个英文单词首字母的缩写，S 指的是 Substitute(取代)，C 是 Combine(结合)，A 是 Adapt(借用)，M 是 Magnify(放大)、Minimize(缩小)或 Modify(修改)，P 是 Put to other uses(一物多用)，E 是 Eliminate(删减)，R 是 Reverse 或 Rearrange(重新安排)。

四、发现能力

发现能力是联系能力的思维延续，是创新思维的重要特征，发现能力表现为提问能力、观察能力、交际能力、实验能力。

(一)提问能力：质疑无可置疑之事

"有疑问吗?"在展示或会议结束的时候，我们通常会听到这个问题，但是大多数人都会沉默不语，由于种种原因不愿意开口。但对于破坏型创新者，他们会打破沉默，提出许多发人深思的问题。提问是他们思考的方式，通过提问能够催生其他发现行为。问题可以启发创造性的见解，爱因斯坦认为，提出一个问题往往比解决一个问题更重要。

促发提问的四个技巧：一是设计问题风暴活动，参与问题风暴；要督促每个人都提出"情况是什么""原因是什么""为什么要……""为什么不……""如果……会怎样"这一系列问题，直到提出至少 50 个问题为止，不允许回答，只能提问，针对难题或挑战提问。

二是培养提问思维。我们习惯于用陈述的形式描述问题或挑战，但对于提问思维的培养，我们则更需要积极地将这些陈述转化成问题。转化成问题，不仅可以使其对问题的陈述更精确，还可以使他们对问题更有责任心，在接下来的行动中更积极地追寻答案。

三是追踪自己的提问-回答比。创新者一直都有很高的提问-回答比。例如在上次参加或主持的会议上，你的发言中有多大比例是在提问？在接下来一周的会议中，记录下你的提问率和回答率，也就是提问和回答在你的发言中各占比多少。要尽可能努力提高自己的提问-回答比。

四是用一个笔记本记录问题。要想储备更丰富的问题，可以经常性地捕捉自己的问题并记录下来。每隔一段时间，你可以拿出笔记本回顾问题，看看过去提的(或没提的)问题有多少个，都是些什么样的问题，可以帮你形成新想法。

（二）观察能力：观察总是会带来深刻的变化

大多数创新者都是积极的观察者，他们仔细地观察身边的世界，观察成功运作的事物，运作不成功的事物，不同的解决方案，尝试在未被联系过的数据之间牵线搭桥，得到非同寻常的想法。

> 2003 年的一天，印度孟买暴雨如注，塔塔看见一个看起来收入不高的男人在雨中骑着一辆女式摩托车。该男子稍大些的孩子坐在车子前面两个车把手之间，妻子侧身坐在后座上，大腿上还坐着一个孩子。四个人坐着一辆摩托车往家赶，浑身都湿透了。塔塔目睹了这一幕，他想到了一项需要完成的任务，为那些买不起汽车，只买得起摩托车的家庭生产安全且价廉的交通工具。塔塔组织了一些工程师，设计了一款四轮的低成本汽车。最初的设计是：两扇带有塑料窗户的软门，布做的顶棚，再加上一个金属杠作为安全措施。团队进行了更多的观察和实验，最后在 2009 年实现了塔塔的梦想。车标价 2200 美元，成为世界上最便宜的汽车。推出仅仅几个月，工厂就接到了 20 万份订单。创新车被称为纳努车，凭借自身多项创新，共申请了 34 项专利，成为 2010 年的"印度年度汽车"。

（三）交际能力：做一个想法交际者

爱因斯坦说："仅凭一己之力，没有他人的想法和经验刺激，即便做得再好，也微不足道，单调无聊。"[①]要跳出常规思考，就要将个人的想法与来自其他领域、其他人的想法相结合。创新者通过广泛的人际关系网络寻找并检验想法，从而得出极为不同的观点。创新者较少会为了获得资源或发展职业生涯而参与交际。他们与人交际时，主要是通过与各类有想法和观点的人交谈，积极地搜寻新想法和新见解。结交不同领域的专家、参加交流大会、搭建自己的私人交际圈等，这些都是我们能够提高交际能力的行之有效的方式。

（四）实验能力：追逐新潮

托马斯·爱迪生说："我没有失败过……我只是发现了一万种不管用的方法而已。"[②]提问、观察和交际能够提供数据，过去是什么情况，现在是什么情况，但是要搜集关于未来可行方案的数据，最好的方式是实验。在寻找新的解决方案时，实验是回答"如果……会怎样"的最佳方法，获得向前推进所必需的数据的唯一方法就是做实验。是否能够设计出实验的原型，并通过跨界思考、越界活动、异地调查等方式进行检验，是实验能力的重要体现。

---

① ［美］杰夫·戴尔、［美］赫尔·葛瑞格森、［美］克莱顿·克里斯坦森：《创新者的基因》，曾佳宁译，116 页，北京，中信出版社，2020。

② 同上书，133 页。

五、创新的基本形式

在创新中，按照创新对社会所产生的影响的大小，可以分为四大类型，即变革创新、市场创新、产品创新和运营创新。

（一）变革创新

变革创新会对社会、国家产生巨大影响，一般会是划时代的标志。

比如蒸汽机的发明将手工作坊式生产推进到机械化的大规模生产，也就是工业 1.0 所开创的"蒸汽时代"（1760—1840 年），标志着农耕文明向工业文明的过渡，这是人类发展史上的一个伟大奇迹。第二次工业革命开创了"电气时代"（1840—1950 年），使得电力、钢铁、铁路、化工、汽车等重工业兴起，石油成为新能源，并促使交通迅速发展，世界各国的交流更为频繁，逐渐形成一个全球化的国际政治、经济体系。第二次世界大战之后计算机的发明开始了第三次工业革命，更是开创了"信息时代"（1950 年至今），全球信息和资源交流变得更为迅速，大多数国家和地区都被卷入全球化进程之中，世界政治经济格局进一步确立，人类文明的发达程度也达到空前的高度，第三次信息革命至今方兴未艾，还在全球扩散和传播。第四次工业革命（工业革命 4.0）是"信息物理系统"的出现，物联网将机器与机器、人与机器、计算机互联网与人之间相互连接，人人可以定制产品或服务，利用移动设备，不需要现场工作或者办公，就可以远程控制智能工厂、智能设备、智能交通、智能生活等。但是，变革创新的同时也会带来很大的风险，变革创新往往是相对于社会而言的。

（二）市场创新

市场创新就是随着社会的发展，企业为了开辟新的市场、扩大市场份额而产生的创新模式。例如，电子商务使得营销模式发生了巨大的变化。特别是线上线下的互动（O2O）给企业带来了巨大的销售机会，开辟了新的销售市场。市场创新的风险要比变革创新低得多，市场创新一般是针对企业而言的。

（三）产品创新

产品创新是站在客户的角度发现客户的潜在需求，寻求新的产品；或者发现老产品的问题，研究客户的投诉、客户的真正痛点，从而进行产品创新。产品创新的风险比变革创新、市场创新的风险都要小一些，产品创新是针对企业的产品技术研发活动而言的。

（四）运营创新

运营创新是对企业内部的流程、规范、规章制度等进行变革。风险相对是最低的。比如医院由以部门为中心的流程，改造成为以患者为中心的流程。原来患者需要先挂号，再去看医生，如果需要透视、化验，就需要先划价，再交费，然后才能进行透视，等到化验结果出来，再拿着化验结果去看医生。现在的医院对流程进行了改造，利用计算机技术、互联网与物联网技术，只要医生开完化验单，就不需要再进行划价，甚至连交钱都可以在医生旁边的 POS 机上或者扫二维码完成。这样就不需要患者不停地移动，而医院内部的流程则由计算机来完成。

上述创新的四种类型，都需要创新者站在基于现实状况的视角下，面向未来做出突破现状和常规的设计。

第二节　创新设计思维

在当前国际国内大形势下，创新是民族进步的灵魂，是国家兴旺发达的不竭动力，是企业持续性发展的源泉，是个人保持活力的基础。不创新就会落后，就会在激烈的竞争中被淘汰。面对激烈的竞争，国家需要改革，企业需要转型，个人需要转变，这些都离不开创新。通过设计一套创新培育的流程，促进组织及其成员创新能力的提高，从方法论的角度促进创新机制的产生和落实，被实践证明是可行的。

一、创新设计思维内涵

将创新的想法、思考转换为具体的实施方案，这一转换过程就是创新设计思维。创新设计思维，是客观的、合理的、按照逻辑推理的思维，对某个特定的事件通过观察、探索、头脑风暴、模型设计、讲故事等方式制定目标或方向，然后寻求实用的、富有创造性的解决方案。

创新设计思维是一种思维模式、一种创新的方法论。一般情况下，有三种实施的方式：一是举办创新设计思维工作坊；二是创建创新组织文化，通过创新设计思维训练，使人人都具有创新设计的思维；三是培养创新设计思维导师，让导师带领创新设计思维工作坊或者带领大家完成某项创新设计项目。

1987 年，哈佛设计学院院长彼得·罗(Peter Rowe)出版《设计思维》一书，首次引人注目地使用了"设计思维"(Design Thinking)这个词语，《设计思维》为设计师和城市规划者提供了一套实用的解决问题的系统依据，设计思维这个词被正式使用。1991 年，大卫·凯利(David Kelley)创立 IDEO 公司，是现今全球最大的设计咨询机构之一，以设计思维作为其核心思想，并贯彻落实到了 IDEO 的工作当中，成功实现商业化。

二、创新设计思维特征

创新设计思维是一种顶层设计思维、集思广"议"思维、循环迭代思维。顶层设计思维是创新设计思维的逻辑方式，集思广"议"思维是创新设计思维的方法论，循环迭代思维是创新设计思维的实施流程。

（一）顶层设计思维

创新设计思维的本质是创新。为了做到真正的创新设计思维，就需要摆脱以纯粹逻辑思维解决问题的方式，不必着重研究问题的现状和参与者的身份，而是要完全站在最终用户的角度进行设计，也就是顶层设计。首先设计一个美好的未来，再找到现在到未来有多大的差距，存在哪些阻力、哪些瓶颈，分析需要具备哪些条件，才可以解决这些瓶颈，克服难点，如此一步一步向回推，最终找到解决方案。这种思维方式被称为创新设计思维的顶层设计思维。

如在探讨如何降低割草机噪声时，不是过多考虑现状修补，如添加润滑剂、增加减振系统等，而是想象未来如果不需要割草机，那么如何实现草不长高。最后找到化学药品使得草不长高，或者转基因使得草的 DNA 发生变化，从而草不再长高，这样也就不需要割草机了。这时主题就出现了，即如何研发出这样的化学药品就变成了第一重要的事情。

再如超市连锁企业希望设计一个以客户为中心的流程时，首先不需要着重考虑现在的超市流程是什么样，这样就避免了惯性思维模式，也不需要过多考虑自己是超市的管理者，即不要总是站在自己的角度和现在的处境考虑问题。

（二）集思广"议"思维

集思广"议"思维是创新设计思维的方式方法。如何实现创意更有新意，需要的是更离奇的、天马行空的解决方案。广泛征集大家的建议和意见，集思广益，不批评、不议论、不评价，发散思维，主题聚焦，民主集中。如果一条道不容易走通，就换一条道路。变换一个角度考虑问题，往往就可以获得意想不到的好创意。很多情况下认为是不可能的时候，打破常规往往可以使得事情做成。

如在考虑超市购物如何以客户为中心时，天马行空的想法是客人买东西不再需要到超市，而是借助物联网、大数据分析、云技术来实现。家里的厨房（电冰箱、储藏室、微波炉、烤箱、榨汁机等）和卫生间（洗衣机、马桶、化妆品等）的传感器将数据直接传给超市，然后超市根据客户的需求进行补货，快递到家。

再如人们都知道餐馆提供就餐服务，客人根据餐饮消费付款。如果否定常规，餐馆不用提供就餐服务，而是提供做饭的厨房，客人自己体验或者自助做饭，餐馆按时收服务费，这样就可以产生新创意。

（三）循环迭代思维

创新设计思维的实施核心是循环，是在观察、思考和执行三个环节循环迭代。

观察是以执行最终用户的身份出现，了解方方面面的信息，在不同的阶段围绕着主题观察、审视、发现问题。如在第一阶段反复了解客户的需求和存在的问题，找出问题的根源；在第二阶段，对大家提出的点子和原型充分论证；在第三阶段，观察该方案如何落地实施，如何进行推广等。

思考是在获得信息的基础上，认真思考问题的来源，了解问题的真正内涵，在不同的阶段，思考在该阶段的问题。比如在第一阶段思考问题的实质和需求，第二阶段思考解决问题的方法是否具有足够的创新性、是否可以实现、是否具有价值，第三阶段思考如何实施落地、如何进行推广、如何让用户接受等。

执行就是将观察到的问题、信息进行交流沟通，大家一起分享自己的想法和点子，将点子通过原型实现，再将原型进行制作和模拟，使得想法具有可行性。在任何阶段，都要进行这三个循环。将一个整体的项目拆分成很多不同的小项目，降低风险，可以快速实现。

三、创新设计思维文化建设

创新设计思维文化的培养需要相对开放的物理空间，建立创新的制度，创建创新团队和创新氛围，举办员工创新思维模式的训练，辅导员工利用创新设计思维的工具，为创新营造一个良好的环境。

（一）制定创新制度

创新意味着改变，推陈出新，因为惯性作用，没有外力是不可能有改变的，所以需要建立创新机制，出台相关奖励制度，对创新失败持包容心态，同时具备资金的投入和风险承受能力。落实创新，需要有创新的环境，要制定创新的制度，特别是容错的制度。创新需要的是事先的许可和授权，创新需要宽松的文化环境，建立创新的氛围，鼓励大家齐心协力，放下包袱，大胆创新。

（二）建立创新中心

要建立一个创新中心，包括创新团队、创新工作室。创新要有乐观的态度、宽松的环境和事先的授权。要开展人人喜欢参与的讨论和头脑风暴，发表自己的建议和想法。当前很多组织的工作环境几乎都采用了"鸽子笼"模式，适合于常规的工作，而不适合于创新。

（三）寻找创新思维领导

创新需要具有创新思维的领导者，他们不一定是行业的专家，但一定是创新设计的专家。创新设计思维领导者要具备如下个性心理特征：首先，要有自信，相信自己有能力改变；其次，要有激情，为实现目标不懈奋斗；再次，要担责任，控制失败风险和勇于承担失败后果；最后，还要掌握一套创新的流程和方法论。

（四）确定创新设计思维实施方法论

创新不仅需要创新的思维模式，还要具备一套方法论，将创新流程化，做到流水线作业。比如，如何设计创新主题，利用什么样的工具进行头脑激荡，如何实现民主集中制，如何找到新的解决方案，创新想法如何测试，如何将创意做成原型等。

（五）设置创新设计思维导师

创新设计思维导师担负创新设计思维训练方案的整体设计、培训内容和方法的设计、培训方案的实施。创新设计思维导师，要具备方法论的指导思想，对培训的组织、培训的技巧、培训的进程、工具技能都能够上升到方法论的层次进行设计；不但要教给员工设计思维的思维模式，还要教会他们如何设计创新设计思维工作坊，如事先的调研、主题的确认、工具的设计、游戏的设计、道具的准备、参加人员的确认，以及整个过程的引导、内容的记录、最后的总结等。

宝洁公司全球设计官讲过：要将设计思维的思想注入公司，使它变成公司的基因。为了解决一个问题或者一次创新设计，可以聘请外面的创新设计思维导师进行引导，完成工作坊的工作，但是这样仅仅是一次训练，不适合企业长期创新型的培养。所以需要建成一个具有创新文化、创新基因的组织。

四、创新设计思维基本工作流程

创新设计思维的流程是一个由彼此重叠的空间构成的体系，而不是一串秩序井然的步骤。创新设计思维需要经过三个过程：启发（或者称为灵感）、构思和实施。

首先，启发是指激发人们寻找解决方案的问题或机遇，也就是从某些现象、问题和挑战中发现一些需要解决的问题。启发包括对某些现象的理解、观察，获得第一手或者第二手资料，发现在产品、服务或者流程等方面客户的需求和存在的问题。

其次，构思包括在设计过程中利用头脑风暴，获得大家各种想法、点子，对想法进行分类，列出优先级，然后对想法进行原型设计，进行测试，再将各个好的想法进行整合，利用循环这一过程慢慢地获得完善的原型。

最后，实施就是通过团队、用户、客户的沟通，实现设计产品的生产和推广。

五、创新设计思维实施步骤

创新设计思维在实施中一般分为六个步骤。

第一步：根据某些现状和存在的问题，对大家期待解决的问题，设定需要研究的主题和研究范围。

第二步：利用亲身体验或者调研的模式，了解需要解决的主题的现状、存在的问题、用户的期望和自己亲身的体验经历。

第三步：通过对主题的充分了解，对现状及问题的掌握，以最终用户的身份，利用头脑风暴，构思更多新的想法，再转换角度，站在设计者的角度，采用能满足用户的期望，还可以在一些约束条件下获得大胆创新的想法和点子。

第四步：可行性研究。将创新的想法、点子进行合并和分类，排列优先级，罗列出哪些是梦想家的点子，哪些是现实家的点子，哪些是批评家的点子。

第五步：原型设计。整理、总结离散想法，采用视觉艺术，利用乐高积木、画草图等可以利用的道具设计出直观方案。

第六步：价值体现。和最终用户进行沟通，实现方案的落地和推广。

在创新设计思维的六个步骤中，每一步都要贯穿三个核心的循环：观察、思考和执行，或者看、想、做。

第三节　创新设计思维工作坊

创新设计思维工作坊是指搭建的体验式创新设计思维培育场地，以帮助人们更有效地获得创新设计思维的学习，将技能方法等可行性策略转化为个体创新能力。

创新设计思维工作坊的创意设计主要是通过游戏、头脑风暴、原型和讲故事四种活动来激发参与者的想象完成，再通过诸如聚类、排序、优先级等方式对个体创意进行筛选排序取优。在这些活动中，经常使用的道具有便签贴、大白纸、黑色小双头记号笔、乐高、橡皮泥等。

一、创新设计思维工作坊活动议程

创新设计思维工作坊的活动议程是指活动模式设计。一般工作坊的活动议程包括：(1)相关案例介绍，让大家知道创新设计思维最后能获得的成果是什么。(2)搞热身游戏，围绕要解决的问题，让大家体会到某些哲理，让每个人积极参与，敢于大胆发言，产生一些奇异的点子和想法。采用专门为创新设计思维设计的工具一步一步引导进行背景的了解、问题的分析、点子的收集、点子的分类和点子的优先级划分等。(3)采用故事画板，将分类的想法、点子用像连环画样的形式直观地画出来。(4)利用画笔、乐高、积木、橡皮泥、电子元器件等道具，将离散的点子进行原型设计，画草图，实现解决方案的直观设计，完善直观的原型设计。(5)最后利用设计的原型，完成整体方案的实现设计，将原型按照情节，以讲故事、演小品等方式表现出来。

因此，工作坊分成四大部分：一是玩游戏；二是头脑风暴；三是原型模拟，可以通过搭积木等方式；四是讲故事，形象地展示设计结果。不管工作坊的安排是半天、一天、两天还是三天，甚至更长（一般情况下的安排都是经过四大部分，各部分会根据整体时长而进行时间的调整），最后会获得一个创新的解决方案。

（一）游戏活动

游戏的目的是"破冰""热身"，让大家兴奋起来，从而毫不拘束地大胆发言，锻炼右脑，产生狂野的点子。游戏的另外一个目的是让大家有所感悟。常用的游戏如思维塔、七巧板游戏等。

【案例】棉花糖游戏

目标：在固定的时间、有限的资源下，利用给定的道具完成指定的任务。

道具（每4人一组）：棉花糖一个、棉线一米、细胶带一米、意大利面条20根、剪刀一把。

工作坊导师道具：白板一个、一米皮尺一条、黑色记号笔一支、任意奖品三份、棉花糖游戏录像一段（最好有）。

游戏要求：将所有参与者分成 4 人小组，要求每组利用道具，在 18 分钟内不借助任何外力，建成一个最高的棉花糖塔。要求棉花糖必须放在塔的顶部，塔的高度要从塔的底部到棉花糖的高度计算。棉花糖不能有任何破坏，不能变形，不能吃掉一块。意大利面条可以剪断，但是如果是不小心折断的，可以带着全部"尸首"兑换相应数量的意大利面条。不借助任何外力的意思是不能将塔座粘到桌子上，也不能用绳子从天花板吊下来挂上棉花糖计算高度。

导师在整个过程中，每隔 5 分钟提醒大家一次时间，15 分钟后每分钟提醒一次。

结果：时间一到，让所有人坐下来，将所有小组塔的高度记录下来，写在白板上，最高的前三个小组获奖。

结果分享：这个游戏不管你是完成还是没有完成，其实都没有失败，游戏的目的主要是锻炼大家在创新过程中利用原型法完成任务。

整个游戏说明如下的道理：大家的目标是建立一个将棉花糖放在顶部的塔，而且还是建立一个最高的塔。往往大家首先考虑最多的是建立一个最高的塔身，最后才将棉花糖放上去，发现棉花糖还是挺重的，根本站不起来。如果将目标定为建立一个棉花糖在顶部的塔，就会首先考虑到棉花糖的重量，先建立一个塔，将棉花糖放上去试一试，如果能站起来，就建立了一个完整的塔。如果时间和材料还充足，就可以继续加高，结果能保证最少先有一个完整的塔，然后再优化完善。这是一个非常简单的道理，但是很多人都不这样想，而是首先定义一个最高的塔，然后等放上棉花糖，才发现意大利面条挺软的，棉花糖挺重的，根本不能按时完成任务。结果全军覆没，根本没有成绩。

这个游戏是国际上非常著名的棉花糖游戏。

若在 MBA 学员、商人、幼儿园小朋友、公司首席执行官、律师等人群中谁进行这个游戏会做得最高呢？一般情况下是幼儿园的小朋友，为什么？成人来做时，大家会首先讨论，统一意见，商量计划，设计草图，等到设计好了，时间已经过去好几分钟了。同样 MBA 的学员由于受到专门训练，做事会先制订一个合适的，甚至最佳的解决方案，根据最佳解决方案将塔建好，将棉花糖放上去，结果由于塔过高、棉花糖太重而站不起来。这时间和材料都已经用完，其结果却是零。而幼儿园的小朋友却用不同的方法，他们从棉花糖开始，先将棉花糖穿在顶部，然后建一个有棉花糖的塔，试一试，如果可以站起来，就继续加高，而保持棉花糖在顶部。在整个过程中，他们多次修正原型的缺陷，发现哪里有问题就进行逐步修正，结果得到了最高的高度。

此游戏在国际上，做的平均高度是 50.8 厘米，最高的是某个建筑师做到大约 99 厘米。首席执行官做得稍高于平均高度，但是将一个首席执行官和一个秘书放到一个小组，前者做的高度就可能会高很多，因为首席执行官会更有大局观。在上述游戏中成功的关键并不全在面条做的塔高，而是棉花糖的放置是否合适。生活中有很多的"棉花糖"，我们需要从"棉花糖"的思考开始，即我们所说的从挑战开始，从目标开始。

（二）头脑风暴

头脑风暴的目的是让每个成员都积极参与，多出点子，贡献想法，相互借鉴，发散思维，从而获得可用的、意想不到的狂野点子。为了顺利完成头脑风暴，不但要充分发散思维，而且要利用工具引导大家相对集中想法，借助这些工具可以得到最终希望获得的结果。

头脑风暴活动的指导原则是：不评论、不讨论、不支持、不宣扬、不提问、不批评，让每个参与者尽情表现自己。

(1)天马行空、异想天开，说出尽量多可能想到的任何点子。

(2)越多越好，重数量而不重质量（但要把握时间）。

(3)见解无专利，鼓励组员综合数种意见或在他人的意见上发表自己的观点。

(4)没有领导和员工之分，参与人员人人平等。

【案例】帮助客户充分理解或者投资一个可能实现的"概念"想法，采用直观的、可以看到故事情节的设计结果来说服客户或者投资者。

持续时长： 20～45 分钟。

参与人数： 2～10 人。

道具： 大白纸、A4 纸、各种彩色纸、各种彩色笔、剪刀、胶水等。

步骤：

小组长首先和大家讨论小组的想法，将其叙述成一个故事线，再将小组人员重新分配成几个小组，比如需要画 6 幅画，就分成 6 个小组。

(1)给每个组一张 A4 的纸，再分发各种大小的彩色纸、彩色笔、剪刀等。

(2)每个组将创新想法画成一幅草图，争取在 10 分钟内完成。

(3)所有的组聚集到一起，将每个组的画贴到一张大白纸上，再用便签贴等进行补充、说明。

(4)最后每个组都要向其他组汇报展示，确保展示的内容是对创新想法内容的完整说明。

(5)记录展示的内容。最好将汇报过程用手机或者录像机录下来，同时为原型拍摄照片。

结果：

利用连环画的形式直观地、可视化地表现出想法，一步一步进行想法的创新迭代，从而获得更深层次的狂野想法。

（三）原型法

原型法是指在获取一组基本的想法后，利用任何工具将其进行可视化的开发，快速建立一个目标的最初版本，然后大家感受、用户试用、提出建议和意见，然后补充和修改，再进行新的开发完善。反复进行这个过程，直到得出"精确解"的美好方案，直到用户满意。

原型设计的目的是将离散的点子、想法以及创新的概念利用绘画、积木、3D打印等加以实现，从而使大家能有直观、充分的视觉认识，对于讨论的方案或者设计，能保持在同一个频道，产生共同的认识，以防认识的偏离。然后再进一步完善，原型本身不是一个最终设计的产品，而是一个直观的体验，也不是一步到位的设计，而是一步一步改善的过程。比如在最初发明直升机、降落伞、飞机时，就是在纸上画下一个个草图，这就是最简单的原型法。再如电脑鼠标就是在纸上先画一个草图，后来利用一个废旧的滚珠和一个小木盒做出原型而发明的。

【案例】鼠标的发明

恩格尔巴特在加州大学伯克利分校获得博士文凭之后，他在斯坦福研究所(SRI)组建了一个研究小组，开始从事新式的人机交互和互联网方面的研究。20世纪60年代初，恩格尔巴特在参加一个会议时掏出随身携带的本子，画出了一种在底部使用两个互相垂直的轮子来跟踪动作的装置草图，这便是鼠标的雏形。1964年，他再次对这种装置进行完善并制作出了原型，即用丢弃在桌旁的一个滚珠，加上一个小木盒制作了一个鼠标的原型。

1968年12月9日，恩格尔巴特在全球最大的专业技术学会——IEEE会议上展示了世界上第一款鼠标，这场展示令在场数千名电脑专家惊叹不已，成为科技史上重要的里程碑，被誉为"展示之母"。后来也有人受恩格尔巴特的启发，做出了重大发现，苹果公司创始人斯蒂芬·乔布斯就是其一。鼠标发明多年后，施乐帕洛阿尔托研究中心有一位叫作艾伦·凯的科学家，将鼠标应用于奥托电脑中。1979年，乔布斯拜访施乐帕洛阿尔托研究中心，看到奥托的技术备受震撼，意识到使用鼠标的重大意义，将其用于麦金托什机上，让鼠标得以流行。1981年，苹果推出第一只商业化鼠标，也就是机械滚球鼠标，但仍旧是单键。随后微软公司对鼠标进行了改进，加入了左右键。而我们所熟悉的三键鼠标雏形则是由IBM公司设计推出的，只不过中间键并不是滚轮，而是带有点击下拉功能的单键，如今此种型号的鼠标依然在使用。

（四）讲故事

讲故事是创新设计思维工作坊的另一个非常重要的组成部分，讲故事比书写的内容更能让大家理解，可以形象地、有声有色地将设计的原型表现出来。在开始获得了一手、二手资料的时候，可以利用故事的形式将客户的体验讲给大家，进行汇报总结。在每个阶段，对讨论的结果进行汇报时，也可以采用讲故事的形式。在设计之后将设计结果向客户、领导汇报时，也可以采用讲故事的形式，使得结果更形象地表达出来。

讲故事需要遵循的原则：

(1)要有冲击力、引人入胜。

(2)最好是亲身经历，增加故事的可信度。

（3）时间、地点、人物俱全，人物最好是和客户有关系的人物或者公众人物，让人感觉故事的真实性。

（4）让人们看到你做的项目是如何成功的，是如何让项目相关的所有人员获得收益的，以彰显故事的可类比性。

（5）故事要能引起人的兴趣，就一定要有冲突情节，才可以达到高潮。

（6）故事一定是围绕着成功的解决方案进行的，最后在大家都没有办法时，我们如何成功地帮助客户解决了问题。

二、创新设计思维工作坊活动流程

（一）事先与客户进行沟通

向他们介绍什么是创新设计思维，创新设计思维能解决什么样的问题，他们现在最大的挑战和希望解决的问题是什么。

（二）设定主题

聚焦讨论的主题。比如，"如何建立一个创新型的组织"，"电子商务如何做"，"以客户为中心的销售系统如何实现"，"'十三五'规划如何实现"，"如何提升销售的业绩"，"企业绩效管理如何做"，"如何提升产品研发人员的创新能力"，等等。

主题的选择要聚焦于客户面临的难题，主题制定要简明扼要，比如客户给的主题是"如何做到以客户为中心，减少部门扯皮，提升企业效益，拓宽市场份额"。这个主题非常长，往往会冲淡主题，所以改成"如何做到以客户为中心的流程"。主题设定不要太宽泛，也不要太狭窄。

（三）分解子主题

与客户讨论如何将主题分成几个（一般不超过 4 个）子主题，每个小组讨论不相同的主题，比如"O2O 如何落地"分为：（1）"O2O 企业的组织架构如何建立"；（2）"O2O 企业品牌线上如何推广"；（3）"O2O 物流如何实现"；（4）"O2O 客户售后服务如何实现"；等等。如果子主题是将大主题的流程分段切割成子主题，这样讨论可能很难进行，因为在一般情况下，每个子主题要建立在前面子主题的基础上才可以进行讨论，所以不赞成这样的子主题划分方法。

（四）组织参与人员

与客户讨论创新人员组成，包括来自不同部门、不同背景的人员，如领导、一线员工、理科背景、文科背景、生产部门、研发部门、销售部门、采购部门、战略部门、财务部门、人力资源部门等等。

（五）选定组长

在每一个组选出来一个组长。组长的职责是在整个工作坊过程中带领团队完成主题的讨论及找到解决方案。

（六）选择教练与组织者

教练应该是讨论的主题和子主题方面的专家，必须对讨论的子主题比较了解。教练的职责主要是引导内容、记录过程、完成总结。组织者需要有较强的组织能力，熟知工作坊使用，了解每一步如何执行，执行多长时间等。组织者的职责是控制时间、指导活动、协助导师完成工作坊。

（七）教室环境布置

一般情况下需要较大的空间，如果有 4 个小组，那么教室就需要有 4 个圆桌，每桌不超过 10 个人，最好是 8 个人（不包括一个教练和一个组织者），在教室的四周需要有可以贴大白纸的墙，每组最少可以贴 6 张大白纸（0.9 米×3.6 米）的墙面，在贴大白纸的墙面前有最少 3 米的空间。教室里每个人一把凳子，多余的桌子和凳子一律移到教室外。

三、创新设计思维工作坊工具设计和运用

针对不同的主题，需要使用不同的工具，首先要对主题进行深入研究。工具是和主题、希望完成的任务及获得的结果紧密连接在一起的。讨论的项目是关于"创新型"的主题，希望获得创新的解决方案，可以采用"行业互换""品牌借鉴""思维导图""SCAMPER"。如果项目的出发点是"解决问题型"，可以利用"客户旅程地图""莲花图方法""鱼骨图方法"等。如果希望介于两者之间，可以采用"未来/现状/瓶颈/想法""梦想家/现实家/批评家""特征组合法"地图等。

（一）便签贴

在设计思维过程中，不管是头脑风暴、故事画板，还是原型设计，神秘的便签贴起到了很大的作用，每个人将想法、观点、观察到的事实、存在的问题、想说的话等写到便签贴上，每张便签贴只能写一条，不超过 10 个字，字体尽量大，以便拍照留档时清楚。这样最大的好处是当两个便签贴的内容一致时，就可以揭掉一张，将内容聚类时可以随意移动，而不需要像在白板上写下的内容，需要擦掉重写，这样既方便又省时间。不允许一张便签贴写一个以上的内容，主要是避免在分类时，如果两个内容不属于同一类，就需要重新分成几张再写。

（二）聚类法

聚类就是将具体的个人离散的想法按照某种特征进行分类，可以按照任何方式聚类，比如按照部门、特征、地域等，从点信息到分类信息就是大数据的分析方法。有了想法就需要利用"聚类法"对想法进行聚类，然后利用"全局想法优化法"将聚类进行优化，再通过"画正法"或者"圆点投票法"排出想法的优先级，或者利用"梦想/现实/批评分类法"进行分类。

（三）画地图

画地图即根据主题所涉及的范围，建构思维导图。利用企业的"全局分析地图"对

客户的组织架构、盈利模式、竞争优势等做充分理解。利用"客户旅程地图"来了解讨论主题的利益相关者究竟需要什么，围绕着他们的需求设计"以客户为中心"的企业流程，而不是以企业的部门为中心的流程；利用"角色"或者"移情地图"将大家的情感完全融入客户的情感，了解客户的一般特征，如年龄段、性别、爱好、思维模式等。利用"利益相关者地图"了解客户的组织架构、决策流程、利益相关者对销售项目的影响、利益相关者之间的相互关系以及和我们企业之间的关系及接触的程度等。

▸▸ 思考与实践

1. 对《旅客"希望"航班晚点》的创新设计进行分析。

旅客"希望"航班晚点

　　没有人喜欢飞机晚点，除非个别人由于某些特殊原因。某航空公司却让飞机晚点变成一种旅客的"快乐"！他们采取让大家做"延误猜一猜"的游戏，在飞机起飞以前，每个人可以根据直觉或者航空公司提供的正点率来猜猜飞机是否晚点，航空公司给押宝者提供"建议值"，比如晚点10分钟押100个旅豆(每分钟10个旅豆)，第一次玩该游戏，航空公司自动送600个旅豆。如果飞机正点，你就会损失100个旅豆，飞机晚点1分钟，就可以获得10个旅豆，损失仅仅是90个旅豆。飞机晚点超过10分钟，你不赔也不赚。晚点超过10分钟，你每分钟可以赚取10个旅豆。由于旅豆可以兑换诸如"加油票"等一些商品，大家也就愿意参与。其实兑换奖品相当困难，但是大家认为反正没有成本，于是很愿意当作游戏来玩。这个游戏的结果却非常有意思，飞机晚点了，本来大家都不高兴，可是这一个小小的创意使得飞机即使晚点了，旅客却因为可以赚回来旅豆，心理反倒获得了一种平衡，以致有些人在飞机起飞之前就在计算会晚点几分钟。

　　2. 按照创新设计思维工作坊的活动议程，进行一次创新设计思维实践。

第七章 创业设计与创新[①]

　　创业是一个让年轻人热血沸腾的梦想，但创业的诸多未知，又常常让大多数人望而却步。如果对创业多一份了解，也许能够给更多心怀梦想的年轻人以理性抉择，为梦想的破土而出做出更充分的准备。

　　本章关键词：创业素养；运营流程；创业模式；商业模型；运营创新

第一节　理性对待创业

　　创业能力指拥有发现或创造一个新的领域，致力于理解创造新事物（新产品、新市场、新生产过程或原材料、组织现有技术的新方法）的能力，能运用各种方法去利用和开发它们，然后产生各种新的结果。

　　在定位创业方向之前，最重要的是学会判断自己是否适合创业，不能盲目创业。如今的创业环境已经不比从前，从前的创业早期只要有少许资本，便可通过开个店面或加工厂实现创业。如今的创业者多半都是学有所成的专业人士，集结了大量资金与优秀人才，对手间竞争激烈，失败的风险也比以往大为增加。因此，创业前的评估是不可少的。创业行动不应该只是一种英雄的浪漫冒险，而应该有极其严肃的责任与承诺。因此，所有创业者在投入创业之前，都必须要深刻地自问：我是否已经准备好了？胸有成竹的创业者对于创业的内容与做法一定了然于心。

---

　　① 本章内容主要参考：孙志超、郑可君：《创业实战笔记：教你掌握创业下半场的生存要诀》，北京，清华大学出版社，2018。[美]杰夫·戴尔、[美]赫尔·葛瑞格森、[美]克莱顿·克里斯坦森：《创新者的基因》，曾佳宁译，北京，中信出版社，2020。

一、创业者自我测评

(一)标准测评题

美国创业学会有一套精简的创业者测评试题,可以进行自我测评并作为创业前的参考。

选项:经常│有时│很少│从不

(1)在急需做出决策的时候,你是否在想:"能让我再考虑一下吗?"

(2)你是否为自己的优柔寡断找借口说:"是应慎重考虑,怎能轻易下结论呢?"

(3)你是否为避免冒犯某个或几个有相当实力的客户而有意回避一些关键性的问题并表现得曲意逢迎呢?

(4)你是否无论遇到什么紧急任务,都先处理烦琐的日常事务?

(5)你非要在巨大的压力下才肯承担重任吗?

(6)你在制订重要的行动计划时常忽视其后果吗?

(7)你是否无力抵御或预防妨碍你完成重要任务的干扰与危机?

(8)当你需要做出可能不得人心的决策时,是否找借口逃避而不敢面对?

(9)你是否总在快下班时才发现有要紧事要办,只好晚上加班?

(10)你是否因不愿意承担艰巨任务而寻找各种借口?

(11)你是否常来不及躲避或预防困难情形的发生?

(12)你总是拐弯抹角地宣布可能得罪他人的决定?

(13)你喜欢让别人替你做自己不愿做的事吗?

评分标准与计分:

"经常"4分,"有时"3分,"很少"2分,"从不"1分。

将各题所得分数累计相加。

得分在15~29分,说明你是一个高效率的决策者和管理者,更会是一个成功的创业者。

得分在30~39分,说明你大多数情况下充满自信,但有时犹豫不决,不可一概而论,有时候犹豫是成功稳重和深思熟虑的表现。

得分在40~49分,说明你不算勤勉,应彻底改变拖沓、效率低的缺点,否则创业只是一句空话。

得分在50分以上,说明你目前的个人素质与创业者相去甚远,须用心培养和锻炼。

(二)问卷测评题

通过对以下四个问题的自我问答和审视,能够使准备开始创业者对将要开始的创业活动有一个更充分的全面思考。

第一,你是否经常发现身边人的某种需求没有得到满足?这反映的是你对环境与生活的觉察能力。要创业，首先要培养自己对于环境与生活的觉察力。创业者必须具备发现潜在商机的敏锐觉察力，对于生活的敏锐度格外重要。好的觉察力，可以帮助创业者随时发现市场的可能性，发现商机。

第二，你是否愿意把你创业的想法和很多人分享？这反映的是你对想法的分享能力。许多欲创业者害怕与人分享自己的想法与创意，担心一旦与人交流后，便会被人抄袭、剽窃。其实创业初期的所有策划都极为粗糙，唯有通过与他人交流，才有机会淬炼自己的思维，才有机会获得不同角度的看法，遇上志同道合的伙伴。如果初期策划被复制，并成功执行，可确认此想法的可行性，优化原有想法，成功超越对方。

第三，你是否想过创业中会遇到什么打击？这反映的是你对事物的分析能力，是对你做事的脆弱度测试。哪些情况可能会让刚起步的事业毁于一旦？可能性多大？如何预测现有竞争者和潜在竞争者的反应？谁有能力对我的威胁做出反应，对我的事业予以重击？目前的竞争对手为何对我进入市场没反应？……这些思考越全面，说明你的分析预测功力越强，越能够应对未来的挑战。

第四，你是否想过创业最差的结果？这反映的是你对风险的认知能力。创业最可怕的可能不是失败，而是不知如何面对失败。创业前，一定要将最坏的结果考虑进去，并要慎重考虑是否能接受如此的结果，做如何的应对。如果自己的回答是"是""可以"，请记住这里不能有任何勉强或刻意的逃避，才能决定是否创业。

二、创业前的思考

(一)创业的动因

千万不要冲动创业，要想清楚如何经营管理。如果你创业的初衷是想尝试一下当家做主的感觉，只是抱着试一试的心态，除非有很多闲钱，否则不要去冒险。

如果你创业的原因，是基于一个持久的志向和愿望，渴望成功，希望功成名就，请勇往直前。有目标的创业者，就会有明确的想法，规划出创业蓝图并奋力前行。

(二)创业选择的标准

做什么事来创业比较适合？答案是你最喜欢、最擅长的事。只有你最喜欢、最擅长的事，才能令你有勇往直前的动力与用心投入的热情。只要有市场需求，一点点"知识的差距"，就有可能创造大的商机，再小的市场都存在客户，这就是你可以善加利用的机会。

(三)需要的管理者

市场竞争就像一轮又一轮的学力测试，淘汰不懂技术、不懂规律、不懂归零学习的人。停在原地不动的人、急功近利的人，都无法在市场生存。只有脚踏实地、真正用心经营、坚持品质与技术服务的人，才会是最大赢家。管理者需要广泛学习，才能经营好公司、带好团队。同行越来越多，表面上看是竞争越来越激烈，越来越难做，事实上是越来越专业，越来越精益求精。店家一间一间倒，又一间一间开，就像洗牌一样在"洗人"。

（四）选择切入市场的敲门砖

要创业，心中一定有一张梦想蓝图。从自己的兴趣和擅长的区块着手，最好有这方面人脉资源，执行起来会更得心应手。确认你想要卖什么，有什么特色，客户是哪些人，需要什么样的营销方式……诸如此类的问题都必须先想清楚。

（五）挑选员工

如果未来你要挑选员工，至少需要面试2～3次。在多次面试中，能够加深对彼此的认识，应聘者可以了解到公司的运作，招聘者也可以更好地观察了解对方，互加微信加深了解，看是否有共同的价值观，是取得互相信任的第一步，是大家能一起工作形成共识的基础。

（六）创业成功的关键要素

能不能长期落实与达到有效营销是关键。广告与营销是创业成功的关键要素，不要排斥新的广告营销方式，甚至包括花钱买广告。只要达到有效、精准的目标，钱就等于花在刀刃上。利用一些软件系统有效管理客户资料与活动效果，与客户面对面地接触，以交朋友的心态聊天，了解客户，深入客户，知道客户真正需要什么。这些都是创业成功的关键要素，也是关键理念。

三、创业融资问题

资金是创业的一只拦路虎，民间有句俗语：一文钱难倒英雄汉。对于憧憬创业者来说，这是需要认知和思考的一个重要问题。

（一）独立垫资

创业起步的资金，如果可行的话，可以试着选择独资或借用父母亲友的钱。对首次创业者来说，当你向外人请求融资时，得听命于他人。这样会限制你的策划方案的制订和实施，可能产生不必要的矛盾和冲突，增加创业初期的干扰因素。

（二）借助融资

通过行业领域、投资阶段、投资地域、投资活跃程度、是否已经投资业务类似的公司来筛选可能的投资方。初步筛选之后，从可能获得帮助的投资公司中挑出5～10家进行洽谈，接触过程中进一步了解当前融资状况和投资方普遍的看法和担忧，随时修正你的融资框架、调整估值。

（三）争取投资

方式一，直接和投资方约谈。在会谈的场所选择上，在投资人家中商谈是最不明智的选择，容易受到不可控、意外因素的干扰，一般选择在一个环境较为安静、独立的场所会谈会比较好，如人们常选择的茶楼、酒店等。

方式二，公开路演会。公开路演会相对来说是一个比较好的途径，这是个对等的场合、对话的平台，也许会被问到一些不一定能立刻回答出最好答案的问题，但借此机会会听到更多投资人的说法，彼此互相激荡，得到更多真实的意见想法，进而获得深入接触的机会。

方式三，公司考察。这是一种相对较好的会谈方式，是请投资人到自己公司来考察。创业团队事先做好充分准备，设计出完整严密的接待方案，要以最佳状态出现在投资人面前。优秀团队总是能够引起投资人的注意，只要团队每个人的能力与专业态度都具有相当水平，就能够给投资人带来具体、正面的印象，获得相对实质的有意义的帮助。切忌在没有充分准备的情况下将投资人带到团队的工作环境之中。

第二节　公司起步运行全流程认知

创业是寻找机会，整合资源，形成模式，建立组织，获得客户的过程。从 0 到 1，走出"不确定性、模糊性、复杂性"的混沌迷宫，既需要勇气、冒险、行动、坚持，也需要方法、学习、试错、迭代。关于公司起步运行，很多研究者总结了企业运行的经验，给出了多种起步运营的流程策划，在这里仅举出两个例子。

一、五步运营法

万事开头难，创业的第一步往往难上加难，一个公司起步运行的全流程，可以归结为五个关键步骤，即制订计划、准备资金、找到第一个客户、赚到第一笔钱、赚取一年的运营费用。

（一）制订计划

（1）运营计划。对于一个创业者来说，在项目正式启动之前，最先需要的是制订运营计划，制订在一年内完成的"行动方案"。"行动方案"包括：产品/服务上市、营销计划、销售计划、改善效率的计划，等等；人员发展策略，包括人员配置重点、公司总人数、每个月的人事成本以及对于关键人员的激励制度；对于销售人员，激励制度除了要考虑基本的薪资与福利外，也要特别针对调动积极性问题采取具体做法。

（2）收支计划。首先需要了解整个商业模式，最好找有行业经验的人帮助你找出收入与支出的主要参数，设定出自己独特的收入与支出参数。这样计算出的数据，一定不会跟行业的标准或者常规相差太大，因此需要有行业经验的人或者行业专家来帮你做评估。

创业者要有数字概念，做好财务规划，规划成本切忌头重脚轻。一开始通常热情很高，资源分配很容易头重脚轻，把所有资金都花在起步费用上。但事实是，前半年都是导入期，要做到损益平衡已是奢求，更遑论盈余，没有留下足够的运营资金，即使开始赚钱也撑不久。另外，要计算客户的终身价值，清楚拥有多少顾客才能损益平衡，不断创造让客户满意的消费对象。

常见的收入：月来店客数、月客单价、月营业收入、月毛利收入……

常见的成本：租金、装修、人事、设备、IT软硬件、市场营销……

（二）准备资金

初始阶段所需的启动资金不需要太多，需要准备能维持运营三四个月的费用，这样才能逼迫自己落实计划，朝"要赚到钱"和"继续经营"迈进。

启动资金由于创业的类别不同，金额也会有所不同。创业者在创业时应该准备比启动资金多二三倍的预备金。如开始算出所需的启动资金是30万元，那至少准备60万～90万元的资金来做预备金。因为多数的创业者都是初次创业，而初次创业往往在估计所需的创业资金时都会过于乐观，并且会因为没有经验而多出许多额外花费。这些花费都会在做业务的过程中不经意地流失，所以准备二三倍的预备金是必要的。另一个必须多准备预备金的理由是时间。创业初期若要准确地取得市场反馈，并充分试验自己的商业模式，所需的时间至少是半年。如果因为准备的资金不够，导致创业者只能在市场上昙花一现，那就没有机会知道自己的商业模式成效如何了，也更不用说从创业中得到更多经验了。

创业起步的时候一般不要去参加培训课程，他们告诉你"坚持下去"，"你需要的是我们高阶的课程，只要参加这个课程，你的生意就会……"这一类对谁都可以讲的话，对于你的创业现实，帮助很有限。创业者若真的在创业上遇到什么困难，应该多与其他创业者交流，而不是找没有创业经验的人来告诉自己要如何创业。

（三）找到第一个客户

有了计划有了钱，接下来是找到第一个客户。此阶段最常遇到的挑战，就是客户人数很少。如果是这样，创业者便要创造出高附加价值，保证在客户很少的情况下，让创业的商业模式能持续运作下去。通常第一个客户都是经由亲朋好友介绍，也可能是参加其他活动时遇到的人。第一个客户的重要性在于，可验证自己的服务或商品，还可以经由他们的反馈来改善自己的作业流程及商业模式，打磨出符合市场需求的服务。

和客户讨论的时候，要避免引导对方，因为你会对你的市场有一个既定的印象。最好是先设计简单的问卷，然后按照问卷一一询问，才能确保所有的客户都被询问到同样的内容，也避免自己问太多无关的内容。遇到几个很爱提意见的客户，必须要学会判断他们所给的意见是否合理，必须要选择性地接纳。当你与足够多的客户讨论后，你会收集到很多的市场"建议"。

（四）赚到第一笔钱

赚到第一笔钱对公司的意义在于，客户认可创业者的服务并愿意支付比成本更高的金额来购买。这里的第一笔钱所代表的是利润，也就是收入减去支出所得到的金额。如果能赚到钱了，下个目标是赚到一个月的运营费用，能赚到一个月的运营费，这代表你的商业模式能够持续运作，而不用担心客户不买单。能赚到半年的运营费用，代表公司的商业模式已能成功复制，而这一阶段创业者所应该考虑的是如何建立行政流程与作业流程等标准流程。建立制度是为了让公司能消化额外的工作量，也能让这些业务不再需要依靠特定员工，使新进人员都能按照流程来处理，并达到一致的水准，同时需要考虑的是该不该扩大公司规模。

如果评估后决定暂时还不要扩大，创业者维持小团队规模，同时要提升团队成员能力，让一个人的能力抵两三个人，让服务体验持续提升，创造更大的价值，让更多客人购买，或是推出获利更高的商品。准备扩充的过程中，创业者可以重新评估是否要申请贷款，因为未来可能会支出更多营销费用及人事费用。

（五）赚取一年的运营费用

如果能够赚取一年的营运费用，就到了要设定能有效追踪的长期目标的时候了，如同船在大海中航行，必须知道目的地在哪。否则，船开得再快，方向不对，都没有意义。设立长期目标及有效追踪两者缺一不可。

从创业初期到能够赚取一年的运营费用，创业者在该领域也累积了一定经验，可能考虑多元化经营。此时须自问，所要的多元化经营的领域是否建立在原本目标客户的价值链上？这种整合属于垂直整合还是水平整合？如果是水平整合，是否跨足到自己完全不懂的领域？这时要回到第一个阶段看看最开始所找的目标客户是否还有发展的空间，最好是不要花费太多的额外成本就可以吸收更多的客户。

以麦当劳为例，简单了解多元化经营的成功与失败。麦当劳一开始是做成人套餐，但是发现家人一起去吃的概率很高，所以就设计了针对小孩的套餐，用小玩具吸引家长带小朋友去吃，但还是依靠父母的餐点赚钱。反例就是麦当劳之前推出有米饭的中式餐点，客人会很开心可以有很多选择，但是因为额外的商品大幅增加了作业流程以及订购时间，麦当劳必须要花费很高额的运营费用或是额外的采购流程。最后在没有办法创造更高的获利情况下，麦当劳又把中式餐点的服务取消了。在考虑多元化经营时，创业者除了评估想跨入的领域自己是否有基本能力外，最重要的是，一定要有"热情"，这样才能避免一遇到困难就轻易收手，赔了夫人又折兵。

二、24步运营法

24步运营法是美国麻省理工学院教授，也是创业者，结合自身创业经历所总结出来的，对创业的要点进行了详细规划。24步运营法的24步骤环节并不是绝对的线性过程，根据情况多个环节允许回环。

(1)市场细分。

(2)选择切入点市场。

(3)明晰最终用户特征。

(4)估算切入点市场规模。

(5)刻画切入点市场用户模型。

(6)产品的全生命周期使用案例。

(7)产品的核心规格。

(8)如何设计和开发产品。

(9)量化价值定位。

(10)形象化展示竞争地位。

(11)定义核心竞争力。

(12)设计能为客户提供什么。

(13)明确客户决策团队。

(14)定义客户最可能购买基本产品。

(15)设计商业模式。

(16)估算客户获取成本。

(17)绘制销售流程图。

(18)确定定价策略。

(19)绘制获取付费客户流程。

(20)验证客户付费意愿。

(21)估算后续市场的规模。

(22)如何让业务规模化发展。

(23)识别关键假设条件。

(24)测试关键假设条件。

三、突破创业误区

误区一：创业者个人创办了公司。尽管创业者通常被描述为孤胆英雄，但大量研究表明事实并非如此，创业是由团队完成的。通常，创业团队规模越大，创业的成功率就会越高。也就是说，创始人多意味着更高的成功概率。

误区二：领袖魅力是成功关键。所有的创业者都是极具领袖魅力的人，他们的这种魅力是企业成功的关键。个人魅力在短期内能够发挥重要作用，但很难长期发挥作用。研究表明，相对于个人魅力而言，创业者必须具备其他更为重要的能力，如有效的沟通能力、招聘能力和销售能力。

误区三：存在某种创业基因，拥有这种基因的人天生适合经营企业。所谓的创业基因是不存在的，敢于冒险是成功创业者通常具备的个性，这种看法存在偏误。实际上，提高创业成功率的能力有很多，如人员管理、销售技巧、产品构思和交付能力，这些能力都是可以后天习得的，绝非少数幸运儿生来就具备的天赋，人们可以通过改变和学习新的行为而获得。

误区四：鸡蛋不要放在一个篮子里。投资专家会说鸡蛋不要放在一个篮子里面，所以要做好功课，多选几种投资商品。但对创业不是如此。如果都要做功课并且投入资源，不如找到一个标的并专心地发展，就好像一个画家原本用水彩笔画得好好的，却觉得一种工具不够，偏偏要去学用油漆刷作画。所以当客户给你许多有关市场的想法时，你最好只是记下来，等到你确认一开始锁定的市场不够好时，再转换到其他的市场，但最好一次只有一个目标客户。

第三节　选择适合你的创业模式

从创业者占有的技术、资源、运营模式的创新创意性等，可以大致把创业模式分为独立型、模仿型、创意型、另起炉灶型几种类型。

一、独立型

独立型，即创业团队独立拥有核心技术，或者拥有独立的资源类型，并以此为基础进行创业。独立型，又具体分为拥有核心技术型和掌控客户资源型。

（一）拥有核心技术型

对于企业来说，核心技术是指可以为企业提供多种不同类型产品或服务市场的技术，是能够为用户提供极高使用价值的技术。核心技术具有先进、复杂及难以模仿的特性，是基于对产业、市场和用户的深刻洞察，长期培育形成的，有独特的市场价值，能够解决重大的市场问题的技术。这些技术既包括最新的高科技技术、专利技术，也包括传统行业的特殊技能、配方、操作工艺等。

（1）特点：拥有核心技术。这种创业类型一开始就确定了创业的基点是其所拥有的核心技术。核心技术的来源分为两种类型，一种是自身或者自身团队是核心技术的创作者和发现者；另一种是通过技术市场转让购买而来的。

（2）关键：核心技术的商业转化。无论是通过哪种方式获得的核心技术，创业都意味着首要的工作是将核心技术转化为产品，投放到市场中获得商业利益。因此，技术的转换就是关键。然而并不是所有的技术都能成为核心技术并能带来利润。因此创业者要对所拥有的技术做全面的市场分析。特别是通过市场购买获得的技术，由于信息的不对称，市场上存在着很多过时的不成熟技术或者是被包装得很美的"伪科技"，这对于要购买技术的创业者来说具有很大的风险性，要做广泛的市场调查以及专家或资深人士的评估和咨询，以防陷入技术陷阱。同时要求创业者要对行业有相当的熟悉和了解，对技术的可行性进行充分的论证后再决定实施创业。

在以技术作为创业基点时，有些技术有非常好的市场前景，但是在转化为市场产品时，可能会带来严重的环境污染，或者受到当地人文社会文化的制约；有些技术虽然不是高科技或者只是一种技能，但是能够带来很好的市场销路，这对于创业者来说，就是很好的创业基础。创业不一定非要选择高科技行业，传统行业同样可以创造财富的奇迹，对掌握的技术要有一个清醒的认识和明确的市场定位。如果创业者是理工科的背景，或者是实际操作和研发者及专利持有人，他们的特点是擅长技术，但经营管理和市场销售能力相对薄弱，因此在创业前需要组建一个能力互补的创业团队。

（二）掌控客户资源型

（1）特点：拥有客户资源。这一类型的创业者，大多是从事销售的业务员或销售经理，在长期的销售工作中，与客户建立了稳固的业务关系和私人关系，取得了客户的信任。稳定的客户资源，是一笔大到无法估量的无形资源，这种资源一旦有了合适的机会就能让人迅速积累大量的财富，就像滚雪球一样，越滚越大。人脉资源是创业的第一资源，有各种良好的人脉关系，能够方便地找到投资、找到产品、找到渠道等，所以人脉资源也是创业者成功的基本条件。

（2）关键：如何驾驭客户资源。客户资源是创业的基础，资金再雄厚，没有客户来消费，创业也注定会失败。既然有了资源，创业的方向也就有了，剩下的就是系统地分析这些资源具有多大的价值，有多大的抗风险能力，有多高的忠诚度，是否容易被模仿等，根据自身的资源情况找合作伙伴或者自己单干。

如果你的客户资源独立性很强，那你可以找有实力的投资商，各取所需；如果你的资源忠诚度不是很高，那你所需要的不仅有资金，还需要有信得过的真正的"伙伴"；如果客户资源质量很高，那你就会在很短的时间完成原始积累，解决资金压力。

二、模仿型

创业模仿在各个行业都普遍存在而且备受欢迎，因为通过模仿，往往能够收到事半功倍的效果。模仿能够使创业者找到一个很好的参照标杆。对于初次创业来说，模仿可以大幅降低成本和风险。

在具体进行创业模仿时，创业者还应该把握好一点，那就是不要一味照搬对象的一切，应该根据自身的实际情况，有所鉴别、有所改进地去模仿。这样一来，既能够有效避免法律上的纠纷，同时也能更好地打造出自己的核心竞争力。因为，被模仿对象的商业模式、管理方式甚至产品都是可以模仿的，但是它们的核心竞争优势及企业文化往往是难以模仿的。所以，创业者在模仿中应该注意去打造属于自己的东西，在模仿的基础上做到超越。

创业模仿大忌是完全照搬，因为这样的模仿很可能会出现"水土不服"的现象，因此，在模仿的过程中，创业者需要根据自身的实际情况、根据目标顾客的现实需求去做出相应的改进。通过这种模仿方式所创建的企业，才更容易形成自己的竞争优势，才能取得创业的成功。在现实生活中，有时模仿者甚至比被模仿者更能取得成功。

创业者可从以下几个方面去考虑模仿。

（一）对商业模式的模仿

在现代市场环境下，人们越来越推崇商业模式。在现实中很多后来创业者对行业先行者的模仿，大多都是商业模式上的模仿。商业模式的模仿是一种最基本的创业模仿。

（二）对产品的模仿

对产品的模仿是创业者进入市场的一种有效方式，即通过模仿市场上现有的产品，推出自己的产品，采取这种模仿方式可以搭乘顺风车。

（三）对经营细节的模仿

模仿他人的经营细节，这与商业模式模仿、产品模仿相比较，是较难模仿的一种，如果无法将经营细节上的模仿彻底做到位，那么别说超越被模仿者，即使要顺利生存下去都是一个很大的问题，现实中这样的案例屡见不鲜。因此，创业者必须要时刻保持一颗清醒的头脑，精准定位，即瞄准被模仿者的某一个方面，去进行专注而到位的模仿。不要坠入低层次模仿的陷阱。模仿创业成功的例子不可胜数，在中国的互联网产业中可谓屡见不鲜。

三、创意型

创意型即概念创业，是将创意、点子、想法通过努力转换成现实的商业模式来创业。创业需要创意，但创意不等同于创业，创业还需要在创意的基础上，融合技术、资金、人才、市场经验、管理等各种因素。

创意型创业有两种创业思路：一是将传统商品和服务融入文化创意因素，以增加文化附加值；二是研发新技术、新产品、新功能的科技创意。创意型创业在当今有强大的时代背景：一是知识经济的来临为创意型创业开创了新的时代；二是消费者的偏好也在转变，现在是一个消费的世界，经济的发展要靠消费来拉动，消费社会的形成为创意型创业的兴起奠定了坚实的需求基础。随着社会的发展，人们的消费偏好发生变化，创业概念必须新颖，能够激发顾客的消费欲望或改变原有的消费习惯，其本质就是能开拓新的市场。

创意型创业有巨大的市场空间，主要是因为有以下几个因素的推动。

（一）消费领域拓宽，消费结构升级

人们在关注传统的物质消费的同时，服务消费比重日益上升，消费更加多元化。

（二）消费差异性需求的增长及个性的回归

现代消费者往往富于想象力、渴望变化、喜欢创新、有强烈的好奇心，对个性化消费提出了更高的要求。正是这种个性化消费使消费者需求呈现出差异性，也正是这种差异性为创意型创业者们提供了机会和思路。

（三）消费层次及质量的提高

如今的消费者不再单单以追求所需商品为目标，更趋向于希望消费能够给自己带来更多的乐趣。人们的消费不再只是满足生存的生理性和物质性产品，更多的是一种精神消费或者是符号消费，即将消费品作为符号所表达的内涵和意义本身作为消费的对象。人们通过追求精神消费，获得一种体验、一种愉悦，从而得到精神上的满足。而创意型创业者们在文化层面上的经营模式可以很好地满足这一需求。

（四）消费者的主动参与性增强

消费者会主动通过各种渠道获取自己所需产品的信息，甚至愿意直接参与到生产和流通中来，希望与产品的提供者直接沟通。在这个良性的互动平台上，创意型创业者们可以凭借其具有较大灵活性和富于创新性的优势，利用信息技术在其创意的思路和理念中融入消费者，与消费者直接沟通、良好互动。

创意型创业者首先就是一个思想活跃者、一个乐于接受新事物的挑战者。创业者要善于通过对社会环境和消费市场及消费者的观察分析，激发出创意想法，同时又要有敏锐的商业嗅觉，还要具有将想法变成现实的操作能力。创意型创业由于面临的都是未知的情况，要想创业成功，需要建立一个强有力的创业团队。创意型创业相对于其他形式的创业，风险更大，但如果成功，获得的收益也更大。

四、另起炉灶型

我们经常会看到一些集体跳槽的现象，有的是由一个公司集体跳到另一个公司，有的则是集体跳槽创业。这种团队创业模式的特点是：创业成员不满足于现有的组织结构、公司机制、薪资水平，或者发展空间等，具有接受挑战的冒险精神。

另起炉灶型创业是基于先前相同或相近行业，因此对行业有相当的了解和把握；创业发起人具有很强的个人领导魅力，能够聚集一群志同道合的创业队员，可以充分整合团队成员各自的资源。IT行业的创业有不少都是这种模式。不过这种团队创业，有可能遇到商业侵权或泄露商业机密等问题的困扰。

第四节　判断自己的商业模型

创业面对的风险有三大类：产品风险、客户风险和市场风险。产品风险即是否做出正确产品，客户风险在于如何建立接触顾客的渠道，市场风险则是打造什么样的商业模式可以长期维持。根据自身的技术背景和人脉关系，可以很容易发现与创业方向的匹配程度。

一、市集型

市集型模式，是指像传统农村的市集贸易型的交易模式。当下的市集型更多的是指基于网络平台的市集贸易型。市集型价值核心在于流动性，让买卖双方可利用网络平台快速交易，平台本身只负责平台管理，不需要产品库存、推销和配送，不提供商品内容，商品内容由卖方提供。市集型经营的主要内容是平台管理，重视社区互动设计，确保使用者遵守平台规定，当完成交易后，平台会抽取部分佣金或赚取网络广告收入。

该类型适合价值不确定或容易改变的产品，交易形式、商品种类及价格皆由买卖双方自由决定。过去因交易成本较高使得买卖双方数量受限的市场（如古董收藏），或者那些因卖家价格高而感到挫折的市场（如旅游、汽车、房地产），是市集型商业网机会点。当产品信息增加时，会吸引更多买家使用，来降低交易成本，因其价值与买卖双方数量有关，是买卖双方创造信任的关键要素。平台中有众多种类产品和充分的商品信息，为保障买卖双方交易的安全，需要进行买方身份认证和设置评价回馈系统等，以增加双方对交易的控制，为双方创造价值。

二、聚集型

聚集型模式的成功关键在于，不断优化使用者体验，针对顾客购买行为调整管理策略，创造社区效应并保障顾客服务的品质。像亚马逊即是聚集型的商业网。

聚集型模式，其核心价值在于便利性，针对特定产品市场区隔，提供专家协助、多样化的产品选择、差别定价、品质保证及配销服务的便利性，让制造商直接接触顾客，企业可以根据顾客购物信息，分析顾客行为，调整产品组合、促销策略等，并提供顾客自行组织信息的功能，针对顾客偏好来选定内容，协助顾客将获取的信息，分享到网络社区中，创造社区效应。

三、价值链型

价值链型模式，其核心价值在于消费者导向，企业通过网络技术，提高效率、弹性并降低成本，创造整合价值链活动的网络平台，以消费者需求为导向，邀请顾客参与价值创造的过程，提供定制化服务，快速解决顾客问题。企业将非核心工作外包给其他合作伙伴，建立整合性的信息架构，提高信息透明度，使合作伙伴间信息可以流通，并针对顾客需求精准反应，合作伙伴可以通过减少行政流程，降低人事成本，提高库存周转率而获得价值。而企业本身即专注在价值创造的途径及合作伙伴关系的管理。

四、联盟型

联盟型模式，其核心价值在于分工合作，企业提供使用者互动、合作的虚拟空间，让资源可以公开分享，针对实体产品、特定主题事件或者单纯的社交活动，让用户可以贡献自己的价值并享受他人的回馈。由于用户回馈具有真实性，当使用人数增加时，平台内容的质量会提升，进一步吸引更多人使用，使平台价值随之增加，创造出网络效应，这其中如何有效增加联盟成员并创造成员间的互动是成功关键。由于联盟成员都是自愿参加，因此，确保成员偏好一致及联盟规则的执行相当重要，而这则需要通过公开表扬或奖惩进行联盟的维护。像网络游戏、优酷土豆即是联盟型的商业网。

五、配销网络型

配销网络型模式，其核心价值在于信息、资金、商品价值的交换与传递。这种模式通过信息科技，制定标准架构，将顾客所需的信息进行切割与储存，依照顾客需求分次递送，将资源更有效地分配利用，从而创造价值，使信息透明化并提供基础服务给顾客、网络平台及内容供应商。

此类型商业的成功关键在于水平整合其他商业伙伴，提供给顾客最适合的服务，及创造网络效应。

比较以上几种商业模式，可以进一步理解不同的商业模式的适用性。不同类型的商业网具有其不同的特点，并适用于不同的创业方向和创业团队。

市集型商业网，若团队具有产业经验与合作厂商，将较容易进入市场；若掌握顾客关系或厂商关系，则较容易建立竞争优势。

聚集型商业网，若团队具有产业经验与技术能力，将较容易进入市场；若不具备以上两点但有成功经验与合作厂商，亦可找到进入市场的机会；针对其产品特性，若掌握相对应之顾客关系、厂商关系、内容资料与技术能力，则较容易建立竞争优势。

价值链型商业网，团队要具有技术能力，而服务商业客户的团队还需要有合作厂商，才可进入市场；针对其服务对象，若掌握相对应的专利认证、内容资料与厂商关系，则较容易建立竞争优势。

联盟型商业网，生活类社区团队只需拥有软件开发或产业经验即可进入，但游戏类社区团队则一定要有技术能力；若能掌握顾客关系或者有过成功经验，则较容易建立竞争优势。

配销网络型商业网，团队要有技术能力，而服务商业客户的团队还需要有合作厂商，才可进入市场；若团队能掌握顾客关系或厂商关系，则较容易建立竞争优势。

实际上，多数产业都存在一条顾客链，包括采购者、使用者和影响者。这三个群组可能互相重叠，也可能不尽相同。通过探讨商业网，往往能获得新的启发，知道如何重新设计价值曲线，创造出过去一直被忽视的新机会。

第五节 运营创新思辨

创业首先要具备的是运营思维，运营的过程是一个需要不断创新的过程，不可能是选择了一种模式、一个产品就可以一成不变地运行下去。创新是破旧立新，是对已有制度、体系、模式的突破，因此，创新是有风险的。

一、破坏式创新

（一）破坏式创新概念内涵

破坏式创新亦称破坏性创新，是一种与主流市场发展趋势背道而驰的创新活动，破坏式创新的概念是由著名经济学大师、美籍奥地利人熊彼特 1912 年最早提出的，1997 年美国哈佛大学商学院创新理论大师克莱顿·克里斯滕森教授在《创新者的两难》一书中又再次明确提出。他把创新视为不断地从内部革新经济结构，即不断破坏旧的，不断创造新的结构。他还认为创新就是企业家对生产要素的新组合，即"建立一种新的生产函数"，创新就是让过去的固定资产设备和资本投资过时、无效，或者贬值，通过创新产生大量新的资本（利润）来弥补这些贬值和无效。

（二）破坏式创新为新创公司起跑助力

大企业通常只针对大客户的要求对产品和服务进行改进，常常忽略了一些潜在的顾客群的要求。新创公司通过提供传统企业未能覆盖的客户需求和服务，首先在低端市场立足，建立全新消费市场，最后覆盖主流市场，实现持续性竞争优势。

简易修图时代的一批以美图秀秀为代表的 App，是破坏式创新的优秀案例。一直以来，我们想要修图，往往只能选择使用 Adobe photoshop 等专业修图软件。这些软件修图效果固然很好，但由于专业门槛高，难以掌握，令普通大众望而却步。以美图秀秀为代表的简易修图软件，通过将常用的修图效果模板化，用户只需要在模板间进行选择和切换，便可得到自己想要的专业修图效果，操作简单，普通用户通过摸索都能够掌握。一经问世，便受到市场的热烈拥抱，带来修图潮流，取得巨大成功。

Netflix 是成功掀起全球娱乐产业变化的串流影音公司。它最初是提供光碟邮寄和租借服务的公司，在网络技术发展起来后，转变为提供在线影音服务。它最显著的一次改变，是在推出《纸牌屋》剧集时，一次推出 13 集剧，极大地满足了追剧粉的需求，改变了电视台一周播放一集的做法，让观众不受时间、空间、广告的干扰，从而给 Netflix 公司带来巨大的市场生机。

二、不同周期创新模式

一个产品从诞生，到成长、成熟、消退，这个生命周期既长又短。在每个阶段中，创业者都可能遇到竞争对手或是合作伙伴。是竞争，还是合作？

（一）诞生期：合作为上

当产品处在诞生期时，策略以合作为上。因为我们需要联合竞争对手共同推广产品，以增加产品在消费者心中的认知度。在诞生期就开始追求产品的，通常是喜欢新鲜的发烧友，而吸引他们的往往是创新、技术、功能等，并不在价格，这时就需要由产品研发单位主导战略，强调用户体验。

（二）快速成长期：亦友亦敌

如果产品已经进入快速成长期，就应该采用亦友亦敌的策略，这个阶段的产品特色是竞争。因为天下未定，所以没有垄断的品牌、没有统一的标准；百鸟齐鸣、山寨横行，而每个产品都瞄准不同的目标市场。这时应该由市场营销部门来主导战略，要强调满足目标市场用户的需求并解决目标市场用户的痛点。最聪明的战略是做垂直市场差异化的创新，高度满足缩小的目标市场用户需求，并且在市场营销上定位为诞生期的新品类。这种做法，其实就是一种破坏式创新。

（三）成熟期/衰退期：只能是竞争

如果产品已经进入成熟期或衰退期，这个阶段的产品只能在规格、价格和外观设计上进行差异化竞争，那么创业者和对手只能是竞争关系。

例如，智能手机早已进入产品品类成熟期。从市面上手机品牌的广告不难看出，在规格、价格以及外观设计上有竞争关系的手机比比皆是。产品在这个周期之中，比较典型的就是依靠专利战来奠定产品的竞争防守策略。已经处在衰退阶段的产品在努力竞争的同时，更重要的应该是尽快脱离纠缠，另辟战场。

在众多的产品功能中，创业者应该集中火力在强调创新以及别人没有的特色功能上，为产品塑造出一个新标杆的形象，将战场拉到一个新品类的诞生期中。而许多企业和团队经常犯的错误，就是在此时仍然与竞争对手产品纠缠厮杀，强调功能相同但比竞争对手优越。因此产品竞争策略虽然强调了许多功能，但反而模糊了自己的特色，甚至暴露出自己产品由于拥有许多消费者未必需要的功能而价格过于昂贵的竞争劣势。

三、二元辩证创新思维

面对创业市场，如何去创新呢，以下一些相对或相反的面向市场的思考方法，或许可以给你以启发。

（一）充分发散与有效收敛

从创意到产品，必然经过发散与收敛两个阶段。即要发现市场存在着某种机会，必须通过发散式观察阶段，充分考察，然后逐渐缩小打击范围，选择一个方向，再集中资源，全力以赴。在充分发散与有效收敛之间，最难把握的是准确切入市场的时间点。

市场变化快，又有数之不尽的竞争者。发散的阶段太长，迟迟无法聚焦，不是浪费了过多资源，就是失去了市场机会，被竞争者捷足先登。发散不足，又担心挂一漏万，产品规格性能不到位，推出后不能一炮而红，不免再而衰，三而竭。

资源充沛或是工程师挂帅的新创公司，容易倾向于发散期太长，难以有效收敛。资源短缺或是市场导向的团队，却常失之于发散期过短，收敛太快。如何调控发散与收敛期的节奏，是对创业者智力与决断的一大考验。

（二）迎合市场或创造市场

务实的创业者喜欢选择迎合市场，开发产品前做市场调查，开发后做用户访谈，产品跟市场零距离，保证了未来的销售。但却又缺乏想象力，无法颠覆市场。回顾过去20多年科技的发展历史，从掌上电脑、iPod、智能手机、平板电脑、谷歌眼镜到现在的VR/AR，这一路走来，几乎都是在走创造市场的创新之路，通过颠覆旧的市场，而获得了绝对的市场份额。但颠覆市场式的创新又带有极高的风险性，往往一般企业难以承受。所以，大多数的创新研发都选择了在迎合市场的同时，必须对市场保持适度的超前性、创造性和颠覆性。

（三）先行者或跟随者

对于创业者来说，是做市场的先行者还是跟随者，这常常也是一个二难选择。许多人强调市场先行者可以建立优势，如名声、高价格、市占率以及对市场第一手的了解。但市场第一人也承担了最大的风险，如犯错的概率最高，必须承担起教育整个市场的责任，以及高昂的客户开发成本，等等。

一家公司如果能够把其他所有对手都打倒，自己成为最后一人，就不怕后有追兵，被取而代之。然而后发者会不会进入市场太晚，大饼早已被瓜分？或是先发者气候已成，难以撼动？后发者口袋够不够深，追得够不够快？对创业者而言，往往在选择时机，同时又被时机选择。

（四）识途老马或初生之犊

虽然每一次创业都是崭新的旅程，但过程中可能遭遇的困难大约类似，有经验的创业者可以为团队或投资人带来信心，解决问题有前例可循的验方，即使不够高明，也有"安慰剂效果"。但也有不少创业者回顾成功的过程时，发出"早知这么困难就不会创业"的叹息，换句话说，多亏当年还是初生之犊，不知天高地厚，冒失莽撞地起了个头，一路挺了过来，不小心，成就了一番事业。

在相同的处境下，过去的经验当然有参考价值，是创业者的资产，但在不同的处境下仍然采用同一套路，就会成为负债。识途老马固然经验丰富，多少增加了许多自信，却像一只杯子装满了水，容不下与过往不同的创新做法。初生之犊像一只空杯，虽然无水可以解渴，却充满各种想象与可能。

在同一个创业者身上，某些领域他可能很有经验，另一些领域他却一无所知，什么时候应该用经验，走一条熟悉而安全的老路，什么时候应该离开大路，另辟蹊径，这也是创业者需要审时度势慎重做出抉择的。

（五）猪或狐狸

民间常说猪是吃"死食"的动物，不把一个地方的食物源吃光，就不会换地方觅食。所以某人被取笑时，常被说成"笨的像猪"，其实这充分说明了猪的专注。对于创业者来说，集中资源做好一件事情，是创业成功的基本条件。像蜻蜓般四处点水，没有常性，便很难产生累积的效果，在资源稀少的创业环境里，自然是一项大忌。

但若外在环境瞬息万变，主观意志往往不能左右，则只能随之调整，适应环境的弹性是新创事业求生求活的必备能力。只是机动与专注相互排斥，想要保持机动的弹性，就不能过度埋头专注，反而要像一只狐狸，既有高度的警觉，又备有好几手的生存技巧。等到创业稍微有了些成就，需要追求更多的成长机会时，这时候又面临了新的挑战：究竟应该紧紧守住核心能力，不轻易踏入未知领域，还是应该掌握机会，开疆辟土，累积更多的资源？究竟应该学猪，还是学狐狸？还是，有时候当猪，有时候当狐狸？

（六）群众智慧或先知先觉

在创业以及公司运营过程中，是采用群众智慧的管理策略，还是靠某个人尤其是领导者的先知先觉，这也是一个颇具智慧的选择。

群众智慧是现在的显学，现代创业公司讲究全员参与，多数人也认同三个臭皮匠胜过一个诸葛亮。在这样的氛围下，个人独到的眼光是否还有无可取代的价值？CEO是最终负责之人，也是最终决策之人，因此他完全有独断独行的权力。如果他自认为洞察先机，为了发挥最大的执行效率，是否可以像军队指挥官一样，一声令下，大军便向一个明确的目标前进呢？

以上种种都是创业者的头痛问题，听起来诸多模棱两可，实则往往让人回味无穷。权衡利弊，合理抉择，是对创业者极具智慧的考验，也是创业成功的关键。

▶▶ 思考与实践

1. 观察周边的商业运营情况，寻找发现一个商机，并进行运营模拟设计。

2. 阅读案例材料，分析这则案例中所包含的创业模式、商业模式、创新模式等。

17家物流园区3300辆卡车，在路上的空载率高达48%。因为它们经常单边是满载，回程是空载，所以满载的那边它们用超载来降低往返的成本。仓储的物流园区其实是一个物流集散地，这是一个中国特有现象。在这里你会看到园区有一些小黑板，每一个小黑板就是一家信息部。如果发货方要找车的话，通常会把他们的需求交到信息部，信息部会将之发布在黑板上。司机需要交年费，每次进来的话还要买门票，进来之后还要报名，等3～5天后会接到通知是否能拉。所以物流园区里的平均配载时间在3天以上，这是一个非常初期的而且有刚性需求的市场。

物流园发布信息的模式是，发布信息到信息部，信息部人员通知一些司机，可能每一个信息部都有当地5～10人的司机联系方式，他们挨个打电话问司机有没有空或谁愿意拉货，这个匹配度是非常低的。所以他们通常会在黑板上把这些货物信息挂出来，看有没有其他进来逛的司机同意顺便拉货的。有一个问题是，当地的市场找到的通常也是当地的司机，所以他愿意单边拉货，但回程基本上很难找到货物，因为司机对其他城市不一定熟悉。

因此，我们主要是改变了物流园的信息发布和匹配模式。我们会有一个非常大的数据团队，开发系统，把货源信息类别、车的类别、货物的长度、车的长度、货主各种各样的需求记录下来。我们会收集货主方的一些需求，然后做筛选、做匹配、做排名，推送给货主方及司机，让双方更好地去匹配资源。信息匹配对我们来说最大的用处是，可以非常迅速地获取到司机的信息、车辆的信息，这些数据对我们来说是最重要的。我们可以根据他运行的行驶记录、平常拉的货物，大概判断每个司机的拉货能力、收入情况和车的运行情况，给他推荐车而且提供融资租赁。

第八章　小微创新模式

小微企业之所以能够存在和发展，而且在当下备受推崇，并不是少数几个人具有三头六臂的能力，而是依托于互联网，通过共享平台，获得分工合作，使个体能够支配的社会资源成倍数增长。因此，社交网络是小微企业发展的最重要基础。目前最活跃的平台如微信朋友圈，通过为用户提供产品或服务来增加朋友圈粉丝。创业 IP 的朋友圈私域流量（粉丝）一般需要在 5000 人以上，或铁杆粉丝 1000 人以上。

本章关键词：网络；互联网＋；社交创业；超级 IP；四众

第一节　小微创新模式内涵

小微创新，在当下创新创业中是一种备受大众欢迎和认可的创新创业模式。

一、小微创新特点

小微创新物表特征，首先是指创新创业团队的规模非常小，可能就是三五个人的团队；其次是指团队的资产规模小，可能就是几间简单的房，没有财务室、仓储、物流车队等常规的大公司的设置；最后，创业资金也比较少，有时甚至可能就是十万元。

与传统的公司运行相比较，小微创新至少表现为两个本质特点，首先是运行的基本模式是网络，其次是公司业务的创意新。因此，小微创新模式即外在的规模较小，凭借创新的经营理念和网络虚拟空间对业务的支撑，实现较小规模的公司承载起较大甚至是超大规模的业务运营。

在网络社交媒体中，人们不断地打破个体现实时空的限制，结识到越来越多的朋友，形成不断扩大的朋友圈。有人说你最多通过六个人就能够认识这世界上的任何一个陌生人，这也许有一定程度的夸张，但也不无道理。我们就处在这样一个小世界网络中，朋友的朋友式交往，让社会关系网络呈现出一种先稠密、后疏松的联结模式。社会化媒介工具为这种模式提供了支持和延伸。

二、互联网助力扩容

依托于互联网的社交媒介，个体实现了对狭小空间的实体世界的超越，在节点化的社交网络中，由小世界而大世界，广交天下朋友，获得超量信息。

（一）人人式小型群体

在小型的社交群落中，人与人之间的联系是紧密的，小型群体的沟通模式是每个人都与其他人发生直接关联，每个人都可以直接同其他任何人直接交流，如果有人离开这一群体，不会破坏其他人之间的联系。如 5 个人组成的微信群，就能够形成 10 对关系（5 人分别为 A、B、C、D、E，形成的 10 对关系为 AB、AC、AD、AE、BC、BD、BE、CD、CE、DE），人们被紧密相连，呈现小群体高度联结的特征。由于直接的紧密的个体之间的联系关系，小世界网络对于信息的传播具有加强和过滤的作用。

（二）关节点掌控大型网络

当一个网络规模扩大到 5000 人，所有人与人关联的小群体特征消失，关节点连接模式特征出现。

网络连接中的关节点，也称之为关键点，即在网络人际连接中的关键个体。关键个体在网络链接中构成关节点，关节点既是网络关系拓展的关键，也是网络关系控制的关键，网络规模越大，那些高度联结的个人对于维系整个网络架构的作用越重要。例如，在 ABCDE 5 人小型群体中，以 A 为关节点，A 除了在 5 人组中构成的人际关系外，又成为构建下一个小型网络的关节点。以 F、G、H、I 4 人为例，以 A 为中心，又构成了 10 对关系。同时，A、B、C、D、E 都可以成为构建其他小型网络的关节点，每一个关节点个体都可以组建起 N 个其他小群体，并通过关节点和其他每组关系联系起来。如以 A 为关节点构成的 N 个小型网络中，每个个体以 A 为链接，经过数个关系链连接起来，形成了稀松的网络关系。[①]

（三）关节点增强信息传递

在小世界网络里，人们不是简单随机地建立联系，而是旨在增加他们与同一群人频繁互动的可能性，大网络中的各种关系仍然存在于个人之间，因此，作为关节点的个人就变得更加关键。网络规模越大，那些具有高度联结的个体对于维系整个网络架构的作用越重要。

以网络为基础的社会化媒体为我们提供了加入小世界的工具和途径，它帮助我们

---

① ［美］克莱·舍基：《人人时代：无组织的组织力量》，胡泳、沈满琳译，172 页，北京，中国人民大学出版社，2012。

决定在什么时候与什么人建立联系。由于一个较大的网络是由内部更为紧密的一组次级网络彼此松散连接而成的，如果你需要一个较大的网络关联，你可以将若干由几个人组成的小网络连接成大网络，并通过设置关键个人，使大网络中的各种关系依靠关节点来维系，这些个体对控制连接变得非常关键。

三、社群对创业者的意义①

社交创业本身是一项系统创业工程，相比较以前的传统创业和电商创业，媒体社交为创业者搭建起了人力资源拓展的平台。

（一）社群是最好的信息宣传场合

信息泛滥的时代，消费者获取信息的途径越来越多，大多数消费者对"强迫式"广告非常反感，而社群的本质是一个建立了信任关系的圈子，圈子内的信息具备一定的信任基础，因此，社群内有质量、有价值的信息很快就会获得社群成员的反馈甚至参与。

（二）社群是找到同频合伙人最好的载体

社交创业时代最大的特征是每一个项目都需要找到同频合伙人来进行项目协作，寻找合伙人的传统方式无外乎通过展会、广告等进行招商，效率低下且获客成本居高不下。而当下，高频次的社群活动让许多社群参与者寻找到了同频合伙人。本质上来说，社群扩展了参与者的社交半径，同时由于社群本身建立了"信任背书"，群员之间达成合作的沟通成本大大降低。

（三）社群是找到消费客户最好的载体

如何获取 C 端用户，对于普通的创业者，在当下仍然是存在着技术和服务的双重困难，传统渠道和电商渠道几乎很难找到突破口。社群最大的好处是聚集频率相同的人，愉快地玩耍时顺便做点生意，所有参与者在愉快玩耍中，接收到了产品或服务的信息，基于对社群本身的认可，结合对产品的需求，基于对创业者的支持，从而产生了购买。

第二节 "互联网＋"运营

在 2015 年《政府工作报告》首次提出"互联网＋"概念后，中国电商企业进行第二轮商业升级，"互联网＋"的 B2B2C 的新体系是对 B2B、B2C 模式的综合和提升。

---

① 徐荣华：《爆品思维 2：社交时代的创业法则》，1828、883、1515、410、561、731 页，北京，化学工业出版社，2020。

一、传统电商商业模式

(一)B2C

B2C 是电子商务的一种模式,也是直接面向消费者销售产品和商业服务的零售模式。B2C 模式消费者可以直接跟厂家联系沟通,B2C 电子商务付款方式是货到付款与网上支付相结合,大多数企业的配送选择物流外包方式以节约运营成本。

(二)B2B

B2B 是指企业与企业之间通过专用网络或 Internet,进行数据信息的交换、传递,开展交易活动的商业模式。它将企业内部网和企业的产品及服务,通过 B2B 网站或移动客户端与客户紧密结合起来,通过网络的快速反应,为客户提供更好的服务,从而促进企业的业务发展。

(三)F2B2C

F2B2C 是指制造商通过第三方平台进行产品或者服务信息的展示,将最终用户引导至自有平台进行交易的模式。这种模式更常用于社交电商和传统微商,即通过外部的信息网站、平台展示信息,最终将这些人引流到自身的小程序、App,或者微信号,进行销售或招商转化。

(四)B2B2C

B2B2C 是一种新的网络通信销售方式。第一个 B 指广义的卖方(即成品、半成品、材料提供商等),第二个 B 指交易平台,即提供卖方与买方的联系平台,同时提供优质的附加服务,C 即指买方。

卖方不仅仅是公司,还可以包括个人,即一种逻辑上的买卖关系中的卖方。平台中介提供高附加值服务,拥有客户管理、信息反馈、数据库管理、决策支持等功能服务平台。买方同样是逻辑上的关系,可以是内部的也可以是外部的。

B2B2C 把"供应商→生产商→经销商→消费者"各个产业链紧密连接在一起。整个供应链是一个从创造增值到价值变现的过程,把从生产、分销到终端零售的资源进行全面整合,不仅大大增强了网商的服务能力,更有利于客户获得增加价值的机会。

它的创新性在于:它为所有的消费者提供了新的电子交易规则。该平台颠覆了传统的电子商务模式,将企业与单个客户的不同需求完全地整合在一个平台上。

B2B2C 电子商务平台将企业、个人用户不同需求完全整合在一起,缩短了销售链;B2B2C 通常没有库存,充分为客户节约了成本(成本包括时间、资金、风险等众多因素);根据客户需求选择合适的物流公司,加强与物流企业的协作,形成整套的物流解决方案。

把消费者放在核心地位,让消费者与消费者结合,让消费者与企业结合,这无疑是最具生命力的电子商务模式。在多种电子商务并行的今天,商家与商家、消费者与消费者、商家与消费者、直销与零售，形成一个 B2B2C 联合创收平台。它符合商业发展的趋势，其商业价值不可估量，它改变了人们的生活方式和消费观念。

二、第二代电商商业模式

随着网络虚拟社区的兴起，网络社交资产化对生产运营强力介入，打造基于 IP 人为链接载体的产品生产运营模式的新的商业模型开始出现。《爆品思维》总结了超级 IP 变现的三种商业模型。

（一）模型一：IP2C

许多 IP 在公域流量里获取粉丝后，其关联的知识产品或者背后的交付物能够让粉丝直接产生购买欲望，不经过任何中间商，IP 的产品或服务直接抵达 C 端消费者的商业模式，被称为 IP2C。该模型的优点是"没有中间商赚差价"，缺点是超级 IP 和粉丝之间的互动很难批量化，导致粉丝黏性不高，比较适合的产品是轻交付的知识产品或者是客单价较低、线上易成交的有形产品。

（二）模型二：IP2P2C

IP 是社群，P 是 Partner，即合伙人，C 是 Consumer，即消费者。IP2P2C 模型以 IP 超级社群为平台，形成二级分销模式，即 IP 招募合伙人，通过合伙人抵达 C 端，合伙人起到上传下达、承上启下的作用，是产品的分销节点，在超级 IP 无法参与活动或协作的场合，合伙人代理超级 IP 进行传播。该模型只有一层中间商，可快速让产品或服务触达消费者，避免了过多的中间商导致价格下不来。模型中居中间的是泛合伙人概念，是指跟超级 IP 产生强链接的一类人，非特指投资入伙或需要蹲班的公司型合伙人。他们对消费者进行一定的引导和教育。

（三）模型三：IP2P2SP2C

在模型二的基础上，模型三 IP2P2SP2C 解决了超级 IP 的合伙人的产品依然存在无法直接到达 C 端，依然需要寻找更小单位的合伙人的问题。SP 即 Small Partners，意思为小型合伙人，小型合伙人是超级 IP 合伙人的合伙人，他们数量更多，且多数属于个体的社交创业者，这类型的社交创业者才是这个时代的社交创业主流，真正的产品动销人群。

在 IP2P2SP2C 模型中，IP 授权合伙人（P），合伙人（P）授权小型合伙人（SP），小型合伙人负责销售产品。经过两个中间商，超级 IP 的产品能够抵达 C 端。大多数微商型创业 IP 都采取这类模型进行分销，并在分销中鼓励设置"同级推荐""团队奖励"等制度，使得中间商更乐意转而介绍更多中间商参与进来。对于大多数日化类、母婴类、大健康类产品来说，其产品价格体系完全可以容纳 2 层甚至 3 层中介体的存在。

在这三种模型中，完全依靠模型一（IP2C）即可满足超级 IP 财富自由的占比非常少，更多的超级 IP 需要找到合伙人，且跟合伙人产生强链接，因此，对于大多数超级 IP 来说，如何获取合伙人成为商业模式中至关重要的一步。微信的私域流量，是当下社交创业的主战场，不仅能够通过源源不断的超级内容来引导和发现超级IP的合伙人，还能够为合伙人寻找小型合伙人，更能够让小型合伙人直接找到用户。

第三节 网络社交创业

一、网络社交创业模式

社交网络使人们的交往由实体世界向虚拟世界延伸，拓展了的网络交往空间，成为人群聚集地，也成为商品交往的最佳集散地。

在社交创业时代，无论是转型中的企业家、产品型匠人、超级IP还是链接器型合伙人，都应该成为社群领袖，因为通过社群获客是最有效最持续的获客方式。

社交网络中商品销售的本质在于满足社群成员的需求。基于社交渠道的经营将传统的"以产品为中心"的"货—场—人"生产模式，转换成"以人为中心"的"人—场—货"生产模式，消费者成为生产环节的中心。

社交创业模式是社交创业方法＝超级IP＋超级内容＋超级社群＋超级爆品。用超级IP创造势能，用超级内容制造动能，用超级社群产生链接，用超级爆品产生变现。这四者的关系相辅相成，相互影响又相互推动。

（一）超级IP

社交的根本是人，以人为主，以人为商业核心，以平台粉丝的价值认同为基础将商品置入消费者的心中，超级IP因此被称为是一个具有品牌势能的温度人格体。超级IP，即自带流量的人格品牌，它以内容为载体持续不断地传递自己的观点，逐步成为某类社交平台或知识平台的头部力量，获取一些平台粉丝的关注。

（二）超级内容

超级内容，即产生价值的图文影音。隔着手机屏幕，如果没有图文影音来塑造人和物，那么人和物都会失去价值。超级IP内容包括传递超级IP的日常、记录超级社群的精彩、塑造超级爆品的价值。没有超级内容的塑造，超级IP和超级社群、超级爆品全部都会变成哑巴。微信朋友圈是超级内容的核心战场之一，应该像经营一本杂志或一家电视台一样来经营自己的朋友圈内容，因为超级内容是塑造IP价值的重要载体，是建立超级社群的必要手段，是超级IP寻找合伙人的重要工具，更是合伙人链接消费者的不二法门。

（三）超级社群

超级社群，即依归超级IP的超级群体。在产品泛滥、商机泛滥的时代，消费者以及链接器（合伙人）都需要找到可依归的超级IP，超级IP把同频、同好、同集的消费者以及链接器（合伙人），用线上群和线下群结合的方式进行运营和管理，并产生可持续性的经济效应，这就是超级社群。超级社群是传播超级 IP、超级内容、超级爆品的主要媒介；超级社群也是超级 IP 筛选—发现—成交—培养—运营合伙人的第一战场；超级社群更是合伙人筛选—发现—成交—培养—运营消费者的第一战场。

（四）超级爆品

社交创业时代，优秀产品基本都具备满足强需求、微创新、高颜值、性价比较好的用户体验，产品包含着强烈的人文情怀、匠人情怀。如果产品具备了上述特征，就能够自觉产生强大的吸引力，形成不断扩大的用户群，在消费者中凭借良好的口碑，占据巨大的市场空间，获得强劲的发展推动力。没有优秀产品，再优秀的超级 IP＋超级内容＋超级社群也无法变现，即便取得了短期的变现，最终还是会遭到市场的打脸。优秀产品以超级 IP 方法论为理论依据，以解决用户痛点为前提，最终呈现不可轻易被替代的交付物。

二、网络社交创业主要形态

网络社交运营的核心是创建自己的朋友圈，并能够不断拓展自己的朋友圈，目前最活跃的平台是微信朋友圈。多数朋友圈通过为用户提供产品或服务来增加朋友圈粉丝，还有一部分通过广告推广、图书出版、开线下课、朋友转介绍等方式加粉。创业 IP 的朋友圈私域流量（粉丝）一般在 5000 人以上，或铁杆粉丝 1000 人以上，他们在朋友圈持续不断地发送和其创业项目关联的商品或服务，也会晒自己的生活场景。社交 IP 主要有五种形态。

（一）网红直播带货

网红 IP 基本特点是颜值高，精于逗乐表演，受众主要是城乡青年以及外出务工者，内容主要是传递气质和乐趣。

网红 IP 呈年轻化和娱乐化，由于其表演的特性更强，因此主要集中在抖音和快手这类直播和短视频平台，变现方式依赖于打赏或直播带货。带货产品往往与网红相关，产品一般价格比较低，吸睛度比较高，比如"自嗨锅""旋转打火机""不掉色口红"等。也有一些粉丝量大的、具备商业意识的网红 IP 开始寻求自主变现，如有的网红一场直播甚至能卖 1 万多件衣服。

小微企业主或创业者可以根据自己产品的特点，思考和网红 IP 合作。目前很多区域的农产品（如苹果、柚子、大闸蟹、小龙虾等）都和网红建立了链接关系，而且取得不错的流量变现。

（二）知识付费分享

以传递经验和知识为主要特点。知识 IP 涉及的范围从宝宝教育到企业管理，从衣食住行到吃喝玩乐，围绕生活和工作全方位展开。

知识 IP 根据个人风格特点的不同，大体可以分为学者型和干货型两大类。学者型知识 IP，他们一般拥有较高的学历，在自己行业内积累了多年的实践乃至教学经验，这类经验对某一类群体来说具备较高的学习价值，他们将这类知识录制成语音或视频、文字，放在喜马拉雅、得到、分答、知乎 Live 上，用户采取免费或付费的方式在线收听、收看。数据显示，2021 年，知识付费市场规模达到 317 亿元。

知识付费的兴起，主要是由于一些城市白领在高压力生存的情况之下产生焦虑，这种焦虑催使其主动去寻找行业高手学习；此外，在互联网的推动之下，用户为了将碎片化时间很好地利用起来，通过付费知识来提升自己。在产品竞争进入红海的阶段，一些学者型创业者暂时将"卖有形的产品"这件事放在一边，专注于在知识付费平台兜售经验和知识，取得了一举三得的效果：一方面打造自己的 IP，一方面产生了知识收费，一方面也积累了大量的粉丝。

干货型知识 IP 具有较好文字组织能力，对情感、事物有独到见解，习惯在微信公众号里炮制长图文（或语音），适合目标受众在夜间 10 点左右打开阅读。他们也被称为微信大号，有少则百万多则数千万的关注者。干货型知识 IP 有很强的文字或语音驾驭能力，受众在看到这样的文章或听到这样的语音后产生了极度共鸣，部分用户在共鸣之后产生了二次传播。

（三）达人经验分享

达人 IP 是指在一个 IP 下有着影响的人。他们在自己的领域里小有所成，掌握一定的经验，具备较高的内容创作水准。当下这类 IP 已经大量涌现在抖音等短视频平台里。由于抖音用户集中在 35 岁以内的年轻人（占比约 82％），女性用户占比 6 成，所以产生的达人型知识 IP 大多也集中在 35 岁以内，有关亲子教育、两性关系、美容瘦身、美食周边、旅游周边等话题更易在抖音获得流量。

还有一类达人借助微信进行创业。他们采取各种方式增加微信私人号粉丝量，通过树立自己鲜明的 IP 形象，在运营粉丝和社群中获益。

（四）社交创业

当一个作者或者产品匠人，能够找到 1000 个铁杆粉丝便能养家糊口。当下，越来越多的创业者开始注重朋友圈的 IP 打造。相比较其他任何平台流量，微信朋友圈流量都是基于熟人社交或半熟人社交。因此产品或服务类创业者选择微信朋友圈作为打造IP 的平台是最佳选择。当下所有的社交平台，用户在微信上停留的时间最长，转化价值最大。微信朋友圈作为黏性最强的自媒体，一方面具有较强的私密性，另一方面具备一定的信任基础，不仅能够高频次推送朋友圈状态，更能够时刻了解关注者的动态，即时进行沟通，大大提升了互动性和参与性。因此，很多超级 IP 也会在其他平台吸粉到微信朋友圈，如此转化过来的粉丝，价值也会更大。

（五）社群领袖营销

在创业领域中，有一类人被称为社群领袖，他们具备一定的号召力和影响力，擅长组织各种线上与线下活动，能够让群员之间相互勾兑，相互学习，相互协作，让更多资源有效对接，从而创造经济效益。

一个社群领袖不仅仅是线上组建了几个社群，关键考核的因素有三个：是不是建立了有价值的社群，是不是对一定数量的群员有影响力，是不是成功发起了多次协作。常规来说，一个社群领袖的线上社群运营超过 5 个或者总群员数量超过 1000 人，且平均每月发起的线下协作次数超过 1 次，就基本可以认定该社群领袖为社群 IP。

社群 IP 通过组建线上群、筹备线下活动、建立线下协作、针对性调频等形式，不断为群员提供"认知升级""时空勾兑""信任叠加"，随着群员的日益增多，逐步形成一个有影响力的社群组织。

第四节　四众服务助推器

2015 年 9 月国务院发布《关于加快构建大众创业万众创新支撑平台的指导意见》。该意见提出，要依托互联网，实施"众创、众包、众扶、众筹"驱动创新发展新模式，支持大众创业万众创新的小微企业发展。

一、四众的概念

四众是平台企业，是指为其他企业或个人提供众创、众包、众扶、众筹服务的企业。

四众模式的企业是指为从事创新创业相关活动，而通过四众平台企业获得众创、众包、众扶、众筹服务的企业。

(一)众创

众创是指通过创新创业服务平台聚集全社会各类创新资源，降低创新创业成本，主要形式有创客空间、创业咖啡、创新工场。大型互联网企业、行业领军企业等通过网络平台向各类创新创业主体开放技术、开发、营销、推广等资源，一般企业则通过内部资源平台开展创新活动。众创可以帮助广大创业者聚集和链接各类创业资源的孵化平台，能够提供部分或全方位的创业服务，创业者可以专注于核心业务，以利于创业和创新成果的快速转化。

例如，腾讯的开放网络孵化平台已有 500 万开发者创业，开发者分成超百亿元。海尔"海创汇"内部创业平台已诞生 400 多个项目，孵化和孕育着 2000 多家创客小微公司。

与一般创新相比，众创具有参与式特点，是以互联网为基础，企业有意识地利用大众智慧的一种模式。

(二)众包

众包是指一个公司或机构把过去由员工执行的工作任务，以自由自愿的形式外包给非特定的大众的做法。众包的任务通常由个人来承担，但如果涉及需要多人协作完成的任务，也有可能以依靠开源的个体生产的形式出现。众包是一种商业变革，任何社会大众作为参与者都可以在这个网络平台上抒发自己的想法和创意，为提出问题的一方解答问题并获取相应的报酬。众包最大限度地利用大众力量，以更高的效率、更低的成本开拓创新、便捷创业。

众包的参与主体有 3 个：发包方、众包中介和接包方。

我国众包发展迅猛，作为最大的创意众包平台，互联网的发展为众包提供了技术条件和平台，在缩减与用户时间与空间距离的同时也降低了参与的成本与门槛。"个性化"的时代，消费者越来越不甘于只做单纯的消费者、产品的接受者，越来越希望参与到产品的创新、设计、制作等过程中。随着众包兴起，独立个体不再只是作为产品使用者，而是越来越深入地参与到产品或服务中。

（三）众扶

众扶是指通过政府和公益机构支持、企业帮扶援助、个人互助互扶等多种方式，共助小微企业和创业者成长，构建创新创业发展的良好生态。主要形式有开源社区、开发者社群、资源共享平台、捐赠平台、创业沙龙等各类互助平台。

众扶的根本目的是扶持大众创业万众创新，扶持的对象是创新创业活动，及创新创业需要多人协作完成的任务。开发者社群、资源共享平台、捐赠平台、创业沙龙等各类线上线下众扶形式不断涌现，极大地促进了创新创业。

（四）众筹

众筹是指个人或企业通过互联网平台向社会募集资金，更灵活、高效地满足产品开发、企业成长和个人创业的融资需求，拓展创新创业投融资新渠道。

众筹主要形式有消费电子、智能家居、健康设备、特色农产品等创新产品开展的实物众筹，小微企业等创业者的股权众筹，以及互联网企业依法合规设立的网络借贷平台。

众筹这一新兴融资模式，主要支持创新创意项目。以京东众筹支持的 6 大类项目为例，众筹支持最多的为科技创新类产业，其次是文化创意类产业，包括影音娱乐、生活创意等。众筹侧重于解决创业企业融资难问题，通过网络平台为投融资双方共享信息资源，实现信息对称，从而为创业者更有效地解决资金短缺问题提供帮助。

四众是双创的支撑平台。双创带动了国内创新创业的整体氛围，并孵化出了一大批具有发展潜力的小微企业，对于促进就业，保持中国经济中高速增长发挥了重要作用。

二、小微运营破局效应

木桶原理是由美国管理学家彼得提出的。由多块长短不同的木板构成的木桶，其价值在于其盛水量的多少，但决定木桶盛水量多少的关键因素不是其最长的那块板，而是其最短的那块板。任何一个组织，构成组织的各个部分往往是优劣不齐的，而劣势部分往往决定整个组织的水平。

对于一个公司经营，无论公司规模的大小如何，即使是 3 个人的小公司，其短板永远存在，尤其是初创公司和小公司，受制于资金、资源、经验、人力等多种因素，其短板可能更多，且补齐短板的难度更大。"互联网＋"作为一种支撑力量贯穿着"四众"融合创新发展的各个阶段，这能够使初创公司和小公司在更大范围内用自己的所长去跟别人的所长进行强强联合，找到跟自己的内容相匹配的技术平台，通过外延式的合作形成新的"木桶"，从而能够超越自己的短板，形成自己的独特优势和竞争力。

四众意在发展大众的智慧，给小微企业的发展注入了新技术、新管理和新模式，在技术研发、产品开发、营销推广等价值链各个环节上驱动小微企业与互联网深度融合，增加小微企业价值链附加值，促进价值链各个环节的创新转化，提升企业竞争力。

众创为小微企业的发展提供了创新的空间，众包为小微企业的成长提供了新的途径，众扶为小微企业的发展提供了新的环境，众筹为小微企业的发展提供了动力。国家的四众政策为小微企业在创新创业过程中不可避免地遇到的木桶短板提供了破局的良机。

▸▸ 思考与实践

1. 请从共享、合作到创新角度，对小微创新的生存之道进行剖析。
2. 分析你熟悉的创业者的成功经验，并为自己制定一个社交创业运营策略。

参考文献

[1] 安吉拉·默克罗比. 后现代主义与大众文化[M]. 田晓菲，译. 北京：中央编译出版社，2001.

[2] 高宣扬. 布迪厄的社会理论[M]. 上海：同济大学出版社，2004.

[3] 拉斯韦尔. 社会传播的结构与功能[M]. 何道宽，译. 北京：中国传媒大学出版社，2013.

[4] 罗伯特·洛根. 理解新媒介：延伸麦克卢汉[M]. 何道宽，译. 上海：复旦大学出版社，2012.

[5] 克劳斯·布劳恩·延森. 媒介融合：网络传播、大众传播和人际传播的三重维度[M]刘君，译. 上海：复旦大学出版社，2012.

[6] 维克托·迈尔-舍恩伯格，肯尼思·库克耶. 大数据时代：生活、工作与思维的大变革[M]. 盛杨燕，周涛，译. 杭州：浙江人民出版社，2013.

[7] 卢飞成. 中国创业蓝皮书（2011 年卷）[M]. 杭州：浙江大学出版社，2012.

[8] 克莱·舍基. 人人时代：无组织的组织力量[M]. 胡泳，沈满琳，译. 北京：中国人民大学出版社，2012.

[9] 胡疆锋. 伯明翰学派青年亚文化理论研究[M]. 北京：中国社会科学出版社，2012.

[10] 方玲玲. 沉迷与抵抗：新媒体环境下的迷、反迷与文化生产[M]. 杭州：浙江大学出版社，2015.

[11] 鲁百年. 创新设计思维：设计思维方法论以及实践手册[M]. 北京：清华大学出版社，2015.

[12] 谭雪芳. 虚拟异托邦：关于新媒体动漫、网络传播和青年亚文化的研究[M]. 桂林：广西师范大学出版社，2016.

[13] 曾杰. 一本书读懂大数据营销[M]. 北京：中国华侨出版社，2016.

[14] 腾讯传媒研究院. 众媒时代：文字、图像与声音的新世界秩序[M]. 北京：中信出版集团，2016.

[15] 赵晶. 在线健康社区中成员价值共创行为[M]. 武汉：武汉大学出版社，2014.

[16] 刘燕南，张雪静，张渤. 跨屏时代的受众测量与大数据应用[M]. 北京：中国传媒大学出版社，2016.

[17] 李朝辉. 顾客参与虚拟品牌社区价值共创研究[M]. 北京：中国社会科学出版社，2014.

[18] 马中红，杨长征. 新媒介·新青年·新文化：中国青少年网络流行文化现象研究[M]. 北京：清华大学出版社，2016.

[19] 亨利·詹金斯，伊藤瑞子，丹娜·博伊德. 参与的胜利：网络时代的参与文化[M]. 高芳芳，译. 杭州：浙江大学出版社，2017.

[20] 艾伯特-拉斯洛·巴拉巴西. 爆发：大数据时代预见未来的新思维(经典版)[M]. 马慧，译. 北京：北京联合出版公司，2017.

[21] 龚金平. 微电影编剧：观念与技法[M]. 上海：复旦大学出版社，2017.

[22] 朱百宁. 自传播：为产品注入自发传播的基因[M]. 北京：电子工业出版社，2017.

[23] 吴小明，单光磊，等. 微电影制作教程[M]. 北京：化学工业出版社，2018.

[24] 蒂姆·邓普顿. 销售就是玩转朋友圈[M]. 洪云，王梦琳，译. 北京：中国友谊出版公司，2018.

[25] 李东临. 新媒体运营[M]. 天津：天津科学技术出版社，2018.

[26] 孙志超，郑可君. 创业实战笔记：教你掌握创业下半场的生存要诀[M]. 北京：清华大学出版社，2018.

[27] 陶秋燕，何勤，等. 互联网＋小微企业成长研究[M]. 北京：中国经济出版社，2019.

[28] 陈政峰. 新媒体运营实战指南[M]. 北京：人民邮电出版社，2019.

[29] 方伟. 新媒体与社会发展[M]. 北京：文化发展出版社，2019.

[30] 赵文军. 虚拟社区成员持续知识共享行为研究[M]. 北京：中国经济出版社，2019.

[31] 徐洁. 基于网络结构的小微企业协同创新模式研究[M]. 成都：西南财经大学出版社，2020.

[32] 漆亚林. 智能媒体发展报告[M]. 北京：中国社会科学出版社，2020.

[33] 梅宁华，支庭荣. 中国媒体融合发展报告(2020)[M]. 北京：社会科学文献出版社，2020.

[34] 戴安娜·克兰. 文化生产：媒体与都市艺术[M]. 赵国新，译. 北京：译林出版社，2001.

[35] 北京市新闻出版研究中心，孙玲. 北京新闻出版业发展报告(2018～2019)[M]. 北京：社会科学文献出版社，2020.

[36] 蔡雯，许向东. 融媒体建设与创新[M]. 北京：中国人民大学出版社，2020.

[37] 彭兰. 新媒体用户研究：节点化、媒介化、赛博格化的人[M]. 北京：中国人民大学出版社，2020.

［38］傅魁. 面向虚拟社区的社会化专家建模及应用［M］. 北京：电子工业出版社，2020.

［39］董金权，朱蕾. 微社群空间中的青年亚文化研究：以网络剧和短视频用户圈为例［M］. 北京：九州出版社，2020.

［40］徐荣华. 爆品思维 2：社交时代的创业法则［M］. 北京：化学工业出版社，2020.

［41］杰夫·戴尔，赫尔·葛瑞格森，克莱顿·克里斯坦森. 创新者的基因［M］. 曾佳宁，译. 北京：中信出版社，2020.

［42］劳伦斯·英格拉西亚. DTC 创造品牌奇迹［M］. 汤文静译. 天津：天津科学技术出版社，2021.

［43］张洁梅，齐少静，赵永强. 虚拟社区知识分享对消费者—品牌关系的影响研究［M］. 北京：中国经济出版社，2021.

［44］亚伯拉罕·马斯洛，等. 马斯洛论管理哲学［M］. 北京：机械工业出版社，2021.

［45］王琼，徐园. 中国数据新闻发展报告（2018～2019）［M］. 北京：社会科学文献出版社，2020.

［46］唐绪军，黄楚新，吴信训. 中国新媒体发展报告（2020）［M］. 北京：社会科学文献出版社，2020.

［47］彼得·戴曼迪斯，史蒂芬·科特勒. 未来呼啸而来［M］. 贾拥民，译. 北京：北京联合出版公司，2021.

［48］林小勇，林朝霞，冷莹莹. 中国未来媒体研究报告（2020）［M］. 北京：社会科学文献出版社，2021.

［49］刘芳. 流量变现：27 个高转化的营销经典案例［M］. 北京：中国法制出版社，2021.

［50］蒂姆·斯特普尔斯，乔希·扬. 打造爆款视频［M］. 徐烨华，译. 北京：中国财政经济出版社，2022.

［51］黄奇帆，朱岩，邵平. 数字经济：内涵与路径［M］. 北京：中信出版集团，2022.

［52］陈臻，朱愚，陈璐. 融媒体运营实战［M］. 北京：人民邮电出版社，2022.

［53］乔丹·莫罗. 数据思维：人人必会的数据认知技能［M］. 耿修林，译. 广州：广东经济出版社，2022.

［54］杜雨，张孜铭. Web 3.0：赋能数字经济新时代［M］. 北京：中译出版社，2022.

［55］王瑞麟. 直播带货与售后：从入门到精通［M］. 北京：化学工业出版社，2021.

［56］俞学劢，等. 第四产业：Web 3.0 与数字化未来［M］. 北京：电子工业出版社，2022.

参考文献 ▶

说　明

本教材配有相关教学课件及教学资源，请有需要的教师与以下邮箱取得联系，获取《融媒体创新创业教育》及更多北京师范大学出版社影视艺术与传媒类教材的教学资源，以供教学使用。

联系人：李编辑

联系邮箱：897032415@qq.com